비겁하거나 뻔뻔하거나

뻔뻔하거나
비겁하거나

변절자 김영환이 운동권에 건네는 국화

김영환 저

쌤앤파커스

『비겁하거나 뻔뻔하거나』는 운동권 출신 정치인의 위선·이중성에 대한 고발 보고서다. 김영환은 이렇게 썼다. "2021년 3월 민주화운동 유공자의 특권 연장·대물림이라는 '셀프 특혜입법' 추진 때다. 나는 찰나의 망설임도 없이 반대하며, 유공자증을 반납했다." 그의 분노는 독보적이다. 그 순간 자유인의 매력이 발산된다. 독자들은 그런 결단에 통쾌해진다. "셀프입법에 찰나의 망설임 없이"라는 어휘에서 책 읽는 맛은 독특해진다.

김영환은 낡은 기존질서를 거부한다. "정치란 이성의 힘으로 우상을 깨는 일이다. 성역을 깨는 용기다." 용기는 내면의 절제와 염치로 강화된다. 그 힘으로 정치 흐름을 신속하게 낚아챈다. 정치의 맥락을 선제적으로 간파한다. 또한 책 속에는 과학과 현장, 실증이 있다. 기성 정치인의 책과 다르다. 그는 20대 때 노동운동을 하며 6개 전기기술 자격증을 땄다. 그는 과기부 장관을 지냈다. 그의 비판은 정밀하다. 이런 그의 책은 평론의 진수를 갈무리한다.

그의 정치는 파란과 곡절이다. 국회의원 당선 4번, 낙선 4번이다. 『비겁하거나 뻔뻔하거나』는 그 축적된 경험으로 모리배 정치를 탐사한다. 모리배들의 정치 동력은 586 운동권식 '뻔뻔함'이다. 뻔뻔함은 수단과 방법을 가리지 않는다. 김영환은 그런 정치세력과 결별했다. 그런 결정은 시련을 예비한다. 그는 '변절자'가 된다. 이 지점에서 '변절자'라는 단어는 재구성, 반전된다. 그들을 질타한다. "국민 공감대니 하면서 비겁하게 숨지 말라." 책의 부제 '변절자 김영환이 운동권에 건네는 국화'에서, 변절자란 말을 통렬하게 메친다.

—박보균 전 중앙일보 대기자·전 한국신문방송편집인협회 회장

김영환은 맑은 사람이다. 정치판에서 그렇게 뒹굴었고 나이만 봐도 노회할 때가 됐지만, 그는 여전히 문학청년처럼 말하고 행동한다. 사람이 맑으면 스스로 생각해서 비겁하거나 뻔뻔한 것에 참지 못한다. 현 정권에서 표현의 자유를 제약하는 '5·18 왜곡처벌법'을 밀어붙이자, 젊은 날 청춘을 모두 바친 훈장인 민주화운동 유공자증서를 반납해버린 것도 이런 기질에서 나왔다.

맑은 사람은 세상살이가 어렵다지만, 그는 타고난 재능에 지칠 줄 모르는 실천으로 자신의 운명을 개척했다. 대학 시절 운동으로 감옥을 다녀왔으나, 지난날의 노고를 인정받아 김대중 정부에서 최연소 과기부 장관으로 발탁됐고, 그 뒤 정치인으로서의 역량도 넘치도록 보여줬다. 이뿐이랴, 틈틈이 시도 쓰고 노래도 부른다. 요즘에는 농사도 짓는다고 들었다. 이쯤 되면 거의 르네상스형 인간이라 할 수 있다.

이 책에 실린 글들은 그가 새벽에 일어나며 받은 영감을 글로 풀어낸 것들이라 한다. 나는 평생의 밥벌이로 글을 써왔지만 왜 그 영감이 안 오는지 모르겠다. 책을 읽다 보면 그의 촌철살인에도 묻어 있는 해학과 풍자에 절로 웃음이 나온다. 그러며 드는 생각이 있다. 그는 그냥 맑다기엔 부족하고, 흐르는 물처럼 맑은 사람이다.

—최보식 (최보식의 언론) 대표

목차

나는 민주화운동 유공자로서 민주화운동 유공자증서를 반납한다

전 과학기술부 장관으로서
탈원전 정책을 비판한다

정치논객으로서
개탄할 정치 상황을 비판한다

나는 민주화운동 유공자로서
민주화운동 유공자증서를 반납한다

1980년 5월, 나는 죽지 않았다. 그해 5월, 나는 결국 살아남았다. 죄 없는 무수한 사람들이 죽어 나갔고 그들의 넋은 망월동을 벗어날 수 없게 되었다. 이처럼 더는 얼굴을 마주할 수 없게 된 동지들의 피와 땀으로 일군 민주화였다. 이런 민주화를 일군 우리는, 그리고 살아남은 나는 광주민주화운동 유공자라는 자부심 하나로 하루하루를 살아가고 있다. 전봇대의 수배자 전단에 내 얼굴 사진이 붙어 차마 고개를 못 들고 숨죽이며 낯선 도시를 배회하던 시절도, 어둡고 퀴퀴한 감옥에서의 생활도 이제는 모두 과거의 추억이 되었다. 오랜 세월이 흘렀다.

그때나 지금이나 광주라는 단어를 들으면 언제나 한 가지 감정이 몸과 마음을 지배한다. 살아남았다는 부끄러움이다. 40년이 훌쩍 넘었지만, 이 부끄러움은 하루도 내 마음 한쪽을 찌르지 않은 적이 없다. 하지만 이 아픔은 나만의 몫이었던가. 2021년 3월 민주화운동 관련자이기도 한 73명의 의원은 민주화운동 유공자의 특권을 연장하고 그 특권을 대물림하겠다는 '셀프 특혜 입법'을 거론하기 시작했다.

그러니 이제는 때가 되었다고 생각했다. 내가 찰나의 망설임도 없이 이 어처구니없는 입법을 반대하고 비판하며, 나 하나라도 이 유공자증을 반납해야만 한다는 생각을 한 것은 사실 당연한 일이었다. 이런 부끄러움을 계속 안고 살고 싶지 않았다. 오히려 자책하는 마음이 앞섰다. 그래, 드디어 나에게 이 무거운 자책과 부끄러움을 씻을 기회가 오는구나! 한때는 뜻을 함께한 동지였으나 이제는 남보다 못한 사이가 되어버린 자들이 '셀프 특혜 입법'을 추진한다는 기사를 읽는 순간, 다음과 같은 글을 쓰지 않을 수 없었다.

국민들께 고개 숙여 사과드린다.
부끄럽고 부끄럽다.

이러려고 민주화운동 했나?

무엇을 더 받는단 말인가!

이 일에서 나와 내 가족의 이름을 빼달라.

광주민주화운동 유공자증서를 오늘로 반납한다.

민주주의가 후퇴를 넘어 깡그리 무너진 지금

이 나라에서 민주주의를 무너뜨린 자들이

벌이는 위선과 후안무치를 어찌해야 하나!

하기야 나는 치과대학 5학년, 본과 3년 때 두 번이나 제적되고 세 번의 복학을 거듭한 끝에 15년 만에 대학을 졸업하고 의사가 되었다. 그렇게 입학 동기들보다 9년이나 늦게 내 자리로 돌아갔고, 그만큼의 희생이 삶에 크고 작은 풍파로 다가왔던 것은 사실이다. 그래서 나는 한때 유공자로서의 혜택이 조금은 당연한 보상이라고 생각한 적도 있었다. 그러나 이런 생각은 민주화운동을 시작할 때의 초심에 견주어보자면 도대체 얼마나 변질되고 오염된 생각인가? 이런 내 생각에 소스라치게 놀랐다. 충분히 오랜 세월이 지났고, 나는 이미 국가로부터 내가 기여한 몫 이상의 혜택을 넘치도록 받았다.

　나는 지난 25년간 정치를 하는 동안 선거 홍보물과 홈페이지에 언제나 광주민주화운동에 참여한 경력에 광을 내고 때를 벗겨 훈장처럼 내세웠다. 그것 때문만은 아니겠지만 결과적으로 나는 4선 국회의원에 제3대 과학기술부 장관을 역임하는 등 쉬이 누릴 수 없는 많은 영광을 넘어 보기에 따라서는 과분한 특권을 누렸다. 이 시간 동안 나는 내가 가지고 있던 살아남은 자의 부끄러움은 마음 한구석에 밀어놓고, 민주화운동을 했던 과거를 마치 완장처럼 팔뚝에다가 메고서 으스대며 살았다. 지금 생각하면 또한 부끄러운 일이다.

　온 국민이 함께한 민주화운동이었다. 나를 비롯한 몇몇 사람들이 그 수혜를 독점하고 특권을 강화하는 것은 참으로 몰염치한 일이었다. 그런데 심지어 그 특권을 세습하겠다는 말은 도무지 무슨 말인지. 이 말이 정말 민주화운동을 했던 사람의 입에서 나온 말이 맞는가? 절대로 일어나선 안 될 일이다. 왜 민주화운동을 했던가. 민주화라는 단어의 의미와 정신을 잊은 건가. 그 수혜를 직접적으로 받은 한 사람으로서 온몸을 던져서라도 저지해야 하는 일이라고 판단했다.

　나는 나의 민주화운동에 대한 전 생애의 노력 가운데 그래도 잘한 것이 있다면 몇몇 민주화운동 유공자의 전유물로 여겨지던 공을 전 국민에게 돌려준 일이라 생각한다. 이것이 진정한 민주화운동이라고 생각하고 이 땅에서 죽거나 다친 5월의 그대들에게 조그마한 위로가 되리라 생각한다.

　이제 상복(喪服)을 벗자. 이제 광주는 5월이 되어도 굳이 대한민국을 초대하지 않는다. 국민이 불편해한다. 하지만 대선주자도, 여야의 방귀깨나 뀌는 정치인도 부나방처럼 망월동에 가서 무릎을 꿇는다. 비석을 쓰다듬고 나오지 않는 눈물을 억지로 짜낸다. 온 대한민국이 불편하다. 대한민국이 오한 든 환자처럼 몸살을 앓는다. 아직도 국립묘지에 가서 헌화하고 방명록을 쓴 곳이 이승만 혹은 박정희 묘역인지 아니면 김대중 혹은 김영삼 묘역인지가 일간신문 1면을 차지한다.

　아직도 천안함과 세월호의 그림자가 영해에 드리워 볕이 들지 않는 나라. 민주주의라고 떠들면서 정당에 신주처럼 영정을 걸어 놓고 아침저녁으로 충성을 맹세하는 나라. 영정은 영정대로 걸어놓고, 장례식마다 복식 논쟁을 하고, 때가 되면 묘지를 순례하는 나라. 이런 점에서 우리 정치의 광주 참배는 북한의 '만수대'와 다를 바 없다. 그렇게 신경을 쓰고 예를 갖추

느라 국력이 소모되는 와중에 산업은 중국에 추월당하고, 아이들은 희망을 잃고, 저출산으로 나라가 망하건 말건, 곳간이 텅 비건 말건 서로 퍼주는 일에 핏발을 세우고, 전직들이 아방궁을 짓고, 경호를 위해 예산을 쓰고, 어떤 이유건 기업인들 잡아넣는 걸 개혁이라 부르는 나라가 되었다. 이게 우리가 목 놓아 부르짖던 민주주의는 아니었는데, 민주화 이후의 민주주의가 왜 이런 모습이 되었는지 도통 알 수 없다.

나는 언제부터인가 망월동에 가지 않는다.

1980년 이후 매년 5월이면 언제나 혼자서 그곳에 가서 '살아남은 자의 고백'을 썼다. 그러나 언제부터인가 광주는 전야제가 열리고 수만 명이 모이는 정치인들의 '레드카펫' 혹은 '전시회'가 되어 갔다. 광주가 분주해질수록 광주의 정신이 산만해졌고, 사람이 모일수록 광주는 고립되었다.

5월만 되면 광주에 삼삼오오 모여 고개 숙이며 침통한 표정을 짓는 자들은 사실 그날 침묵한 자들이다. 광주의 묘역에 무릎을 꿇는 이유는 그저 계속해서 권력을 놓지 않기 위해서일 뿐이다. 그것조차 아니라면 그저 지역감정에 휩쓸린 감정의 노예라고밖에 할 수 없겠다. 1980년대 이후 광주는 문재인 대통령과 함께 가장 극단적으로 좌초되고 있다.

이재명 경기도지사는 광주민주화운동 유공자들에게 월 10만 원씩 지급하겠다고 한다. 정녕 유공자로서 이 모욕을 어찌 참을 수 있단 말인가? 이런 돈을 논하면서 감히 광주를, 민주화를 말할 수 있는가? 이것이 모리배의 정치가 아니라면 세상에 모리배라 부를 이는 없을 것이다. 지난 4년 새에 걸핏하면 '모욕죄'가 판을 치는 세상이 되었는데, '광주 정신 모욕죄'는 어디 없는가?

공정과 기회와 형평성의 가치를 깡그리 짓밟은 조국을 지지하는 광주, 가덕도 신공항 건설을 지지하는 호남, 민주주의 파괴에 앞장서는 문재인 정권을 호남인들이 떠받치는 현실 앞에서 호남은 민주주의를 말할 자격이 있는가? 호남의 자긍심 온데간데없어 보인다.

문재인 정권에 참여한 수많은 호남 정치인들은 광주의 정신에서 이탈하였고 급기야는 김대중 정신에서까지 이탈하였다. 문재인 대통령과 민주화운동권은 광주와 김대중 정신을 부패한 권력과 엿 바꿔 먹었다.

위대한 광주의 몰락과 비겁한 정치인들의 현장을 나는 기록하고자 한다.

광주정신은 권력에 붙어 진압되었고, 권력을 잡은 문재인 대통령과 그 지지자들은 광주를 찾아 민주화정신의 깃발을 마구 짓밟기 시작했다. 오늘 그곳에 대한민국의 국민은 극소수만 초대되었다. 야당 국회의원 두 분이 처음으로 겨우 초대되었다. 아! 이 나라 정치는 이토록 정략적이고도 비겁한가?

  광주민주화운동 유공자증서를 반납하겠다고 선언한 이후에 유공자증서와 명패를 국가보훈처에 되돌려보냈다. 그때 동봉한 글을 여기에 옮겨본다.

  지금 약속대로 광주민주화운동 유공자증서와 명패를 반납하러 삼청동에 있는 감사원 우체국으로 갑니다. 저는 이러한 일을 하게 된 이유와 경위를 적은 편지를 동봉합니다. 앞으로 저는 더 이상 이 문제를 거론하지 않겠습니다.

  국회의원들이 다시 이런 특혜 입법을 하지 말아주셨으면 하는 간절한 마음입니다.

  국가보훈처장님께

  저와 제 아내는 오늘부로 광주민주화운동 유공자증서를 반납합니다.

우선 운동권 출신 정치인들의 행태에 대해 국민께 송구하고 한없이 부끄럽습니다. 진심으로 죄송합니다.

민주화운동 과정에는 수많은 국민의 피와 눈물이 있었습니다.

저와 제 아내는 살아 있는 것이 부끄러운 사람으로 유공자로 우대받을 자격이 없습니다. 그리고 저와 아내의 민주화를 위한 작은 희생조차도 그동안 너무나 과분한 대우를 국민으로부터 받아왔습니다.

더 무엇을 바란단 말입니까?

이제 그만해야 합니다.

민주화운동에 대한 예우나 지원이 국민의 짐이 되고 있습니다.

저희가 민주화운동에 참여할 때는 결코 이런 보상을 받으려고 한 일이 아니었습니다.

4·19 혁명에 참여한 1960년 4월의 대한민국 국민은 모두가 유공자이고, 광주민주화운동 때 고통을 당한 1980년 5월 광주 시민 모두가 피해자이며, 6월 항쟁에 동참한 온 국민이

유공자입니다. 그럼에도 불구하고 작금의 민주화 퇴행, 부패의 만연, 특권과 반칙의 만연함을 지켜보면서 과거의 민주화운동 동지들의 위선과 변모에 대해 깊은 분노와 심지어 연민의 마음까지도 갖게 되었습니다.

이번 반납은 저와 제 아내만이라도 우선 불의하고 불공정한 일에서 이름을 지워 국민께 사죄하고, 민주화운동과 광주에서 희생된 분들의 이름을 욕되지 않게 하고자 하는 최소한의 도리입니다. 앞으로 민주화 유공자로서 어떤 혜택이나 지원도 사양하고 평범한 시민으로 나라와 국민을 생각하며 살고자 합니다.

보훈처의 모든 전산에서 저와 아내의 이름을 삭제해주시면 되겠습니다.

그 이후 나의 삶에 예상하지 못한 엄청난 일들이 일어났다. 나는 새벽마다 세상의 모든 일에 참견하기 시작하였고 언론과 국민으로부터 과분한 관심과 사랑을 받았다. 그렇지만 내 가족들, 아들과 딸 그리고 며느리와 사위들로부터 진정한 유공자로 임명된 것보다 기쁘고 행복하지 않다. 내가 한 일 가운데 가장 홀가분하고 잘한 일이라 생각한다.

광주민주화운동 유공자증서를 보훈처에 반납했다는 뉴스를 보고 막내가 그 기사를 보내주며 가족 카톡방에 이런 메시지를 보냈다.

"이 기사가 우리에게는 가장 값진 훈장입니다."

5월 8일 어버이날 나와 아내는 고향의 시골집에 있었다. 두 딸이 그곳에 왔다. 식사를 마치고 우리 부부에게 주기 위해 선물을 주섬주섬 내놓았다. 가로세로 15cm 정도 되는 감사패였다. 제주에 한 해 살이 가 있는 아들 내외와도 화상 통화로 공유했다.

세상을 떠날 때 내 무덤에 오직 하나를 가져갈 수 있다면 아이들의 이 감사패를 가져가고 싶다. 세간의 이목을 끌며 추하게 권력을 추구하고 심지어 그 추태를 세습하려 하기보다는 이 정도의 기억, 자부심, 영광이면 충분하지 않나.

동지들이여, 그렇지 않은가.

도대체 나는 누구일까요? 도대체 나는 어디로 가야 하는 걸까요? 제 몸 하나 누일 정치의 땅 한 평 없습니다. 나는 정말이지 몹쓸 사람일까요? 나의 뿌리이자 내 젊은 시절을 다 바친 운동권과 나는 어제 완벽하게 결별하였습니다. 광주민주화운동 유공자증서를 반납하였습니다. 보기에 따라서는 자기부정이라고 할 수 있겠습니다.

지난 지방선거에서 이재명 지사와 각을 세운 후 경기도 소속의 특별사법경찰이 내 병원에 쳐들어왔습니다. 병원 홈페이지에 로그인하지 않고 진료 후기를 올렸다는 이유로 기소되어

지난해 안산지원에서 선고유예 판결을 받았으나 그에 따른 행정처분으로 영업정지 1개월을 당해 벌금 900만 원을 물고 정든 안산을 떠나 서울에서 진료하게 되었습니다.

저는 김종인 비대위 때 경기도 일산동구 지역위원장 자리에서 쫓겨났습니다.

지난 25년 동안 네 번 낙선한 경력을 문제 삼은 것입니다. 지난 17년 동안 노무현 대통령의 열린우리당 창당과 친노-친문 세력과 싸우다 맞은 네 번의 낙선이 네 번의 당선보다 값진 일이라고, 코로나로 어려운 상황에서 거의 최고 득표를 한 점 등을 주장하며 상을 주지는 못할지언정 당으로부터 척살 당할 이유는 될 수 없다고 간곡히 주장하였으나 받아들여지지 않았습니다.

이제 오랜 정치 생활을 하는 동안 무엇이 잘못되어 운동권에서 뿌리뽑히고, 이재명 지사에게 쫓기는 신세가 되었으며, 혁신과 개혁의 김종인 비대위에서조차 내쫓기는 신세가 되었을까 참담한 심정입니다.

주말이면 괴산의 고향 집에 내려가 '이제 정치를 접을 때가 되었나?', '어디서부터 잘못되었지?' 하며 곰곰이 생각합니다. 내 신세가 초라하고 궁벽합니다. 왜 나는 당 내외에서 정

022

의와 혁신을 주장하는 분들에게 미움받고 험한 꼴을 당하는 걸까요?

지금 저는 애써 담담한 척 노력하고 있습니다.

새벽에 일어나 넋두리해봅니다.

운동권 후배 두 분이 국무총리에 지명되고 민주당 원내대표가 되었습니다. 세 분의 당대표 후보도 모두 운동권입니다. 앞의 두 분을 포함해 세 분의 당대표 후보도 민주화 유공자이시겠죠? 경하드립니다. 역시, 역시? 역시! 운동권입니다. 두 분이 중요한 때 국사를 맡으셨으니, 게다가 1970년대부터 1980년대까지 민주화의 시대에 총리와 원내대표도 함께 했으니 몇 가지 생각을 한번 점검해보죠.

우리는 그때 대한민국 경제가 자체모순으로 망하리라고 생각했습니다. 물론 지금까지 그런 생각을 하고 있진 않으시겠지요? 외채 망국, 수출 주도 경제인 매판의 나라는 곧 망한다는 생각이 민족경제론입니다. 그 생각이 젊은 시절 우리의 사고를 지배했습니다. 박현채, 유인호 교수는 우리의 정신적 지주였습니다. 그들의 책은 의심의 여지 없는 경전이었죠? 그후 망한다던 한국 경제는 승승장구했습니다. 그러나 그때의 사고는 그대로 남아 한국 경제를 폄훼하고, 기업을 적대시하고, 핍박하고, 미국에 반감을 품고, 자본의 힘을 경시하는 사고로 이어졌습니다.

그 시절에 우리는 인류의 희망으로 중국을 바라보았습니다. 3만 리 대장정에 대해 크게 고무되고 8억의 중국 인민이 펼치는 모택동과 4인방의 위대한 실험, 인간 개조의 문화대혁명에 대해 가슴 두근거리는 찬사를 보냈습니다. 중국은 그때 이미 수백만 인민을 죽음으로 내몰았는데도 말입니다. 그런 모든 일에도 불구하고 중국은 우리 젊은 시절의 이상향이요, 희망이었습니다. 리영희 교수님의 《8억 인과의 대화》,《우상과 이성》은 한동안 우리의 사고를 완전히 지배했습니다.

어제 미국 의회는 북한 전단 금지법을 표현의 자유를 억압하는 "성경과 BTS 풍선 금지법"이라고 명명하며 청문회를 개최했습니다. 미국의 한 저명한 전문가는 한국의 민주주의가 자국, 즉 대한민국 대통령의 공격을 받고 있다고도 했습니다. 외교안보특보인 문정인 교수는 이런 주장을 내정간섭이라고 분개했죠. 북한의 김여정이 우리 대통령을 소대가리니, 미국의 앵무새니, 떼떼(말더듬증)니 하며 차마 입에 담지 못할 발언을 쏟아내도 여기에는 한마디 말도 못 하면서 말입니다. 이해가 안 갑니다. 우리는 3대 세습과 전제정치, 인면수심의 테러와 핵 위협이 목전에 다가와도 '우리민족끼리'의 온정으로 그들을 대하고 있습니다.

소득주도성장이 왜 소득을 줄이고, 최저임금 인상이 최저생활을 어렵게 하며, 분양가 상한제를 포함한 25번의 부동산 정책이 부동산 가격 폭등을 가져왔는지. 임대차 3법이 전월세 폭등을 가져왔고, 최고금리를 제한하는 대부업법이 사채금리를 오히려 올릴 수도 있으며, 전월세신고제가 수많은 임차인에게 고통을 안겨줄 수도 있다는 점도 알고는 계시겠지요?

왜 독일 헌법재판소가 베를린시의 월세 상한제를 무효화했는지 생각해보셨는지요? 시장의 힘이 얼마나 거대하고 시장의 역습이 얼마나 무서운지를 박주민의 주렁주렁 달린 배지는 가르쳐주지 않습니다.

왜 미국의 바이든이 우리나라의 SK와 LG 사이에 벌어진 배터리 분쟁을 조정하죠? 미국 대통령이 반도체 와이퍼를 들고 나와 미국의 일자리, 미국의 이익을 설파하는데 우리 대통령은 날이면 날마다 기업인들을 겁주고, 잡아넣고, A4 용지를 들고 나와 기업인들 앞에서 "정부가 절치부심하며 반도체, 자동차 등 주력산업과 신산업 육성에 노력을 기울여 그 효과가 빠르게 나타났다"라며 제 얼굴에 금칠이나 하고 있습니다.

며칠 전에는 "우리 정부의 노력으로 백신의 불안정성을 거둬내고 안정적 확보를 하기에 이르렀다"라고 하니 내 귀가 잘못되었나? 어안이 벙벙한데 이 자화자찬에는 마지노선도 없고 약도 없습니다.

보궐선거 패배 후에 국면 대전환 개각을 한다면서 베토벤의 '월광 소나타'를 '문비어천가'로 만든 공이 있는 분이 청와대 대변인이 되었습니다. 베토벤이 무덤에서 자리를 박차고 일어날 일입니다. 쓴소리 바른 소리 가리지 않고 직언하는 이는 없고 곡학아세(曲學阿世)의 어용 지식인이 판치는 나라가 되었습니다. 한 줌도 안 되는 '문파'에게 굴종하는 비굴한 노예의 나라가 되었습니다.

예전의 저처럼 박주민 의원의 배지와 훈장을 북한 인민군의 훈장처럼 달고 다니던, 막말과 오만 그리고 폭주로 대표되는 운동권의 강력한 지원하에 운동권이 점령군처럼 180석 정당의 원내대표가 되었습니다. 운동권 정권이 맞고요, 운동권의 빛나는 승리가 맞습니다. 그러나 이것이 실패한다면 총리도, 대표도, 말석의 저도 다 폐족 될 것입니다. 대한민국을 망친 폐족 말입니다.

제가 제일 궁금한 것은 문재인 대통령의 생각입니다. 도대체 무슨 생각을 하고 계시는 걸까요? A4의 메모는 누가 적어 드리는 걸까요? 이 나라는 박주민 의원의 주렁주렁 훈장과 문재인 대통령의 A4 사이에 있습니다.

문재인 대통령이 탄 기차가 종착역을 향해 달려가고 있다. 그가 기차에서 내릴 때 부메랑이 날아올 것이다. 문재인 대통령은 서둘러 갑주를 두르라! 전직 대통령 두 분의 인신구속은 정치보복이다. 휴, 이 긴 글을 휴일 아침 누가 읽어주실까!

　어제 김대중 대통령 비서실장을 지낸 김중권 변호사께서 내 치과를 찾아오셨다. 그분께 들은 이야기. 김대중 대통령이 당선되고 처음으로 한 일은 박정희 기념관을 짓는 일이었단다. 그는 "살아 있는 피해자인 대통령이 돌아가신 가해자인 대통령을 용서한다"라고 말했단다. 그렇게 해서 박정희 대통령과 김대중 대통령의 화해가 이루어졌다.

그가 당선되고 이틀 후인 1997년 12월 20일, 청와대에서 김영삼 대통령과 김대중 당선자가 만나 처음으로 한 일은 전두환, 노태우의 사면과 복권이었다. 김영삼 대통령과 김대중 당선자는 손잡고 IMF 환란 속에서 엄청난 반발을 무릅쓰고 그들을 석방하고 사면했다.

나는 오늘 아침 김대중 회고록을 꺼내 다시 읽고 깜짝 놀랐다. 그가 그런 판단을 한 것은 평소 독서를 통해 영국의 민주화가 '용서와 관용' 위에 서 있다는 것을 알고 있었던 결과라는 사실이다. 이것은 '피해자가 가해자를 용서해야 진정한 화해가 가능하다'라는 소신에서 나온 것이다. 휴, 문재인과 민주당은 박근혜 대통령의 피해자인가? 박근혜 대통령은 문재인과 '문파'들에게 가해자인가? 아뿔싸. 그들은 수혜자인 동시에 가해자가 아닌가?

영국은 청교도혁명 때 찰스 1세를 처형했다. 그러나 그러한 정적에 대한 보복은 혼란과 내분을 가져왔다. 그 결과 크롬웰이라는 더 지독한 독재자가 출현했다. 이에 반해 1688년 명예혁명 때는 찰스 1세의 왕권 지상주의를 그대로 답습한 둘째 아들 제임스 2세가 프랑스로 탈출할 수 있도록 길을 터주었다. 그들은 어려움 속에서 정치보복으로 입게 될 정치적, 사회적 후유증을 극복하고 관용과 질서 속에서 의회정치의 꽃을 피웠다. 그 밑바탕에 용서와 화해의 정신이 흐르고 있기 때문이다. 루이 16세와 왕비의 국외 탈출을 막고 처형한 프랑스나 니콜라이 2세 일가를 모조리 처형한 러시아혁명과 비교해보면 영국의 결단은 위대했다. 영국은 관용의 축복을 300년간이나 누렸다. 우리도 그렇게 해서 정말 풀기 어려웠던 신군부와 김영삼, 김대중의 화해가 이뤄졌다.

그러나 문재인 대통령과 청와대는 임기가 1년도 남지 않은 지금, 국민 공감대 운운하며 사면은 "검토하지도 않고, 검토할 때가 아니다"라고 한다. 대통령은 이제 임기 중에 더 이상 전직 대통령 사면을 거론하지 마라! 그리고 임기를 마쳐라! 더 이상의 인신구속은 정치보복에 불과하다. 정치보복은 반복되고 답습되고 있다. 자신들은 예외라고? 어림없는 일!

더 이상 문재인 대통령은 국민 공감대니 뭐니 하면서 비겁하게 국민이란 이름 뒤에 숨지 말고 길게는 4년 가까이 갇혀 있는 두 전직 대통령을 석방하지 마라! 그대들이 탄 기차가 어디로 향하고 있는지 지켜볼 것이다.

이 문제에 대해 문재인 대통령과 이낙연 대표가 연초에 보인 태도는 비겁하기 짝이 없는 해프닝이었다. 용기도 없으면서 왜 그 자리에 앉아 있는가! 그럴 용기도 없으면서 이낙연 대표는 대통령이 되겠다고 나부대는가! 그대들의 기차가 종착역을 향해 달리고 있고 오늘 당신들이 한 일들이 내일 부메랑이 되어 날아올 것이다.

만일 그렇게 국민 공감대를 중시하는 대통령이라면 왜 탈원전 정책을 철회하지 않는 것이며, 그토록 국민의 원성을 사는 추미애 장관을 경질하지 않고 조국을 감싸고 돌았는가! 왜 소득주도성장론을 폐기하지 않고, 완전히 실패한 외교와 대북정책을 철회하지 않는가? 왜 거짓말 대법원장과 사법부 국정농단과 문자 폭탄의 정치와 의회독재와 언론장악과 낙하산 코드인사와 민주주의 시장경제가 최악의 후퇴를 하는 걸 왜 방치하는가? 한미동맹을 흔드는 것도 국민의 공감대인가? 기가막힐 따름이다. 말이나 안 하면 밉지나 않지!

이 문제는 문재인 대통령을 구원하는 일이다. 보라! 틀림없이 그들이 당하는 고통은 정확히 부메랑이 되어 문재인 대통령과 민주당의 뒤통수를 칠 것이다. 이 문제는 탄핵이 옳은가 그른가에 대한 논쟁과는 차원이 다른 문제이다. 내 글을 왜곡하거나 견강부회하지 마라!

무엇을 그리 잘한 것이 있다고 이리도 모질게 구는가! 그대들이 한 일들도 역사의 심판대에 오를 날이 재깍재깍하며 다가오고 있다. 그대들이 뭘 그리 잘했다고 어찌 춘풍추상(春風秋霜) 하지 않고 추상춘풍(秋霜春風)하는가!

불행하게도 그대들 또한 불행한 대통령의 길을 그대로 따라가고 있다. 아무런 실적도, 성과도 없이 이 나라에 증오와 상처만 남겨둔 채 정치보복, 정치탄압의 기차를 타고 양산으로 가고 있다. 오직 자신들만 이 기차가 종착역을 향해 가고 있다는 사실을 모른 채 말이다.

그곳에는 부처님의 진신사리가 보존된 적멸보궁이 있는 통도사가 있다.

그곳에는 불상이 없다.

자기반성이 필요한 때

한때 광주민주화운동 유공자로서 요청한다. 이제 광주에 가서 무릎 꿇는 일을 그만하자. 보는 광주 시민도, 보는 국민도 식상하다. 그럴 시간에 후퇴하는 대한민국의 민주주의를 위해 싸우자.

이제 여야는 뼈를 그만 깎자! 뼈를 깎는다는 말도 상투적이고 민망하다. 이 나라에 뼈 가는 소리가 진동했으나 실상 나아진 것은 별로 없다. 뼈를 갈고 나니 여의도에는 정쟁과 정략만이 앙상히 남았다. 이 말도 구시대 정치를 박물관에 수장해야 한다. 왜 우리 정치는 자꾸만 식상한 메뉴를 국민의 식탁에 올

려놓는 것일까? 새로운 시대, 새로운 정치인들이 새로운 레퍼
토리로 신선한 감동을 줄 수는 없는가? 문제는 실천이다, 이 바
보야! 문제는 대안이다, 이 바보야! 문제는 미래다, 이 바보야!

철 지난 유행가로는 국민의 사랑을 받을 수 없다. 좀 더 새
로워지고 좀 더 '창조적 상상력'이 가미된 정치를 펼쳐줄 수는
없는가? 국민의 생각을 뛰어넘는 '역발상의 정치' 말이다.

한번 생각해보라! 지난 4년, 나라를 맡은 민주화의 주역들
이 왜 국정을 파탄에 몰아넣고 국민을 갈가리 찢어놓았을까?
특히 이들은 왜 하나같이 성희롱, 성폭력 등 부도덕한 일로 목
숨을 끊거나 감옥에 가는 일을 벌였을까? 가장 도덕적이어야
할 민주화운동권이 왜 위선의 '내로남불' 숲속에서 허우적대
고, 불공정과 부정에 잽싸게 끼어들었을까?

정치란 이성의 힘으로 우상을 깨는 일이다. 성역을 깨는 용
기다. 낡은 생각의 껍질을 깨는 일이다. 그것은 자신과의 대결
없이는 얻을 수 없는 자기완성의 과정이다. 그래서 정치는 인
문학 위에 세워야 한다고 나는 믿는다. 누군가는 정치란 결국
허업(虛業)이라고 하지만, 아무리 생각해보아도 정치는 다른
영역으로 대체 불가능한 분야이다. 이런 수기치인(修己治人)의

분야인데도 불구하고 정치인들은 자신을 돌아보는 일에 소홀한 채 자꾸 국민을 가르치려 들고 남 탓이나 하는 모습을 보이기 때문에 국민은 짜증이 나는 것이다.

민주당에서 마련한 '젊은이들과의 대화'에 등장한 "김어준 총수는 성역입니까?", "조국 사태 이후 코로나가 없었다면 민주당을 향해 촛불을 들었을 것"이라는 말은 바로 광야에서 들려오는 소리, 국민의 생생한 목소리였다. 180석 거대 정당이 얼마나 무용한지 느껴지지 않는가? 이보다 더 정확히 민심을 대변할 수 있겠는가? '문파'와 '문자 폭력'을 일삼는 집단 따위가 아니라 이들이야말로 민심을 정확히 말하고 있다. 국민은 이리 똑똑한데 왜 정치권만 모르고 벌거벗은 국회의원이 되는 걸까?

K-방역, 세월호, 천안함, 포퓰리즘, 선거 부정, 탈원전, 가덕도… 지금 민주당은 어떻게 하면 국민을 가장 잘 분열시킬지 연구하는 모임 같다. 그러니 국민 통합에 가장 반대되는 길을 걸으며 김대중 노선을 버렸고, 봉하마을은 조국 등 특권과 반칙의 편에 서다 유시민 이사장이 기소되는 마무리로 노무현 정신마저 버렸다.

국민의힘도 다르지 않다. 서민을 위한 획기적인 정책이나 대안 하나 내놓지 못하고 새마을운동, 전 국민 의료보험, 고교 평준화 등과 같이 탁월했던 박정희의 유산을 잇지 못하고 있다.

왜 이순신 장군은 하루 앞을 내다보기 어려운 전쟁터에서 매일 같이 촛불 앞에서 시름에 젖어 《난중일기》를 썼을까? 이순신 장군도 지난 하루를 기억하고 기록하며 자신을 성찰했다. 그런데 운동권 출신들에게는 자기 성찰이 없다.

이순신은 선조의 질투에 반응하지 않았다. 자신의 결백을 증명하려 하지도 않았다. 그저 묵묵히 자신의 자리에서 역할을 다했다. 우리도 한산도 앞바다를 지키던 이순신 장군의 모습처럼 우리의 역할을 다해야만 할 때다.

계파 정치에 물들지 말고, 과거로 돌아가 묘소를 참배하는 일은 이제 그만하고, 미래를 바라보며 젊은 세대에게 희망을 주는 일에 우리의 남은 시간을 집중하자. 그렇지 않아도 서민의 하루하루는 이미 너무나 고단하다.

전두환을 닮아가는 민주화 세력에게

오늘로 문재인 정권의 임기가 남기로 딱 1년!

조금은 가혹하지만, 민주주의가 없는 지금의 민주당은 김대중의 사진을 떼어내야 한다고 말하고 싶다. 민주 없는 민주당은 식혜 위에 뜬 밥풀 아니겠는가? 국회 법사위원장이 장물이 되었다. 국회는 의회민주주의 상징이다. 그런데 법을 다루는 상임위가 장물 취급을 받고 있다. 민주당의 법사위원장이 강탈한 장물이니!

김성호 전 의원이 2020년 11월에 월간《헌정》에 기고한 글을 보니 그동안 여당이 맡았던 법사위원장을 통 크게 야당에

넘겨준 것은 16대 국회였고, 당시 여당이 바로 김대중 대통령의 새천년민주당이었다. 그것이 바로 역지사지의 정치와 협치의 출발이었다. 야당 법사위원장 시대는 국회의 원활한 운영, 협치를 위해 김대중이 세운 의회민주주의의 상징이었다. 그것을 깬 당의 당사에 김대중 사진을 걸어놓은 그대들이다.

카이사르의 것은 카이사르에게, 하나님의 것은 하나님에게 돌려줘야 한다. 민주주의는 대단한 것이 아니다. 상식과 약속을 지키고, 모든 것을 원래 있던 자리로 돌려놓는 것이다. 법사위원장은 당장 야당에 돌려줘야 한다. 의석수에 따라 상임위를 배분해온 것은 13대 국회 이래 32년 동안의 관행이었다.

이건 또 뭔가? 남은 임기를 채울 자투리 장관 후보들은 마치 박주민 의원의 배지처럼 비리 백화점의 의혹 주머니를 주렁주렁 매달고 청문회장에 들어섰다. 도자기 밀수 혐의에, 절도에, 해외 특혜 가족 연수에, 상습 세금 체납 혐의에…. 나 원 참, 남세스럽다. 도대체 인물이 그렇게 없나? 청와대 인사 검증 시스템은 지금도 수리 중인가?

국회의장이 자리를 옮겨 국무총리가 되었다. 그를 떠나보내고 국회는 그를 국무총리로 임명 동의해주었다. 거짓말 대법원장이 마치 하나회처럼 사적 친목회라 할 수 있는 '인권연구회' 출신으로 사법부의 권위를 농단하였다. 이렇게 해서 삼권분립이 무너지고 삼권통합이 완성되었다. 우리는 이번 정권이 말하는 '한 번도 겪어보지 못한 민주주의'가 어떤 모양인지 뼈저리게 느끼고 있다.

민주주의는 결과가 아니라 절차다. 소수의 의견도 존중하는 다수결의 원리다. 서로 다른 의견을 통합하기 위해 사회적 공론화와 협의를 거치는 '느린 정치제도'다. 우리는 지금 피와 땀으로 일군 이 나라 민주주의의 '위대한 몰락'을 똑똑히 목격하고 있다. 그것은 더할 나위 없이 완벽하고 불가역적이다. 세계에서 유례를 찾을 수 없는 새로운 모델이 출현하였다. 자유민주주의가 아니라 베네수엘라식 사이비 민주주의이다. K-민주주의? K-문주주의? 문폭의 나라!

최장집 교수는 오늘 우리가 그토록 자랑스럽게 생각하는 촛불에서부터 민주주의가 붕괴 중이라고 말씀하셨다. 이 어찌된 말인가? 그동안 촛불의 이름으로, 민주주의라는 이름으로 정의의 완장을 차고 개혁을 독점한 권력이 자행한 이 몽매한 폭력 속에서 얼마나 많은 사람이 적폐로 몰리고 감옥에 갇히고 목숨을 잃고 있는가? 닥치고 진군하라! 검찰개혁! 언론개혁! 사법개혁! 적폐청산의 붉은 깃발이 나부끼고 개혁 군인들의 군화 소리가 당장에도 귓전을 때린다.

"우리 뒤에는 개혁을 염원하는 국민이 있고, 180석을 만들어 준 유권자가 있으며, 우리 역사 최대의 성군 문재인 대통령이 계시다."

상식의 실종, 이성의 상실, 합리의 몰락, 법치의 붕괴다. 민주화 이후 민주화 투쟁 시대가 다시 도래하였다. 나와 아내는 그래서 기꺼이 '전직' 민주화운동 유공자가 되었다. 다시 또 일어나 민주화 이후의 민주화 투쟁에 나설 때다. 우리의 민주주의는 미완이고 우리 국민은 모두 미성(未成)의 민주화 유공자이다.

민주당에는 민주가 없다. 김대중의 민주 정신 대신 전두환의 돌관(突貫) 정신으로 무장하고 야당, 국민을 찍어누른다. 지금 문재인의 더불어민주당에는 문자 폭탄으로 무장한 문파군이 민주주의의 고지를 점령하고 국회와 정당 위에서 좌우 진퇴의 호루라기를 불고 있다. 그들은 민주주의의 옷을 입은 무뢰배에 불과하다.

누가 뭐래도 지금의 정치는 전두환 시절을 빼다 닮았다. 그래, 나의 시적 상상력을 동원하자면 전 국민이 삼청교육대에 입소를 완료한 셈이다. 그러니 민주당은 김대중 사진을 떼어내고 전두환 깃발을 높이 들고 '더불어 정의 사회'로 진군하는 꼴이다.

그 옛날 운동권이 민주주의를 깨고, 민주당이 의회민주주의를 깨고, 김대중의 추종자를 자처하는 자들이 김대중 정신을 죽였다. 봉하마을에는 노무현 대통령이 안 계신다. 반칙과 특권과 한평생을 싸운 노무현 대통령…. 노무현 대통령을 좋아하던 노란 손수건들이 조국 장관의 특권과 반칙에 손수건을 흔들고 있다. 노무현재단 이사장이 허위 사실 유포로 기소되었고 그것이 검찰권 남용이라고 외치는 서열 1위 민주당 최고위원께서 헌화 묵념하였다.

이미 보궐선거 이후 문재인 대통령의 정치는 불신임당했다. 이제 '자투리 떨이'의 시간이 남아 있을 뿐이다. 탈원전, 소주성, 최저임금, 부동산 폭등, 세금 폭탄, 백신 없는 방역, 언론개혁, 검찰개혁 등 주요 정책은 국민의 "No!"와 함께 단호히 배척당했다. 남은 임기는 겨우 '신적폐의, 신적폐에 의한, 신적폐를 위한' 반작용의 시대가 기다리고 있다.

민주당은 지금 거울을 들어 자신의 얼굴을 비춰보라. 김대중의 민주주의 얼굴은커녕 당신들이 그토록 환멸하던 전두환의 얼굴을 닮아가고 있지는 않은가? 실종된 민주주의를 찾아야 할 때다. 잃어버린 삼권분립, 법치주의를 찾아야 할 때다. 민주당은 '민주'를 부수었고, 이 나라의 민주주의는 거의 완벽하게 후퇴하였다. 이것이 대통령 임기가 1년 남은 민주당의 업적이자 자랑이 되었다.

어제는 6월 6일 현충일이었죠. 며칠 후면 6·10 항쟁 기념일입니다. 절기로는 망종인데 보리를 베고 모를 심는 때입니다. 춘풍추상(春風秋霜)이 생각났습니다. 춘풍추상이란《채근담》에 나오는 말인데 "남을 대할 때는 봄바람같이 하고, 나를 대할 때는 가을 서리같이 해라"는 말입니다.

왜 6월 현충일과 5월 18일에 추상춘풍(秋霜春風)하죠?

광주민주화 유공자처럼 천안함 생존자도 공정하게 유공자가 되어야 합니다. 춘풍춘풍(春風春風)해야 합니다. 천안함 생존자 34명 가운데 23명이 외상후스트레스증후군, PTSD에 시

달린다고 하네요. 고통을 당하는 그들에게 국가유공자증을 수여해야 합니다.

대통령과 정부는 박원순 시장과 오거돈 시장의 성추행 사건과 최근에 일어난 공군 부사관 성폭행 사건에 형평을 맞춰야 합니다. 그 처리는 춘풍추상하지 말고 추상추상(秋霜秋霜)해야 합니다.

대통령은 엊그제 국정원을 방문해서 5·18과 세월호 진상규명을 당부했습니다. 5·18과 세월호 진상규명을 하듯이 해양수산부 공무원이 북한군 사격으로 사망하고 시신이 불태워진 사건의 진실을 규명해야 합니다.

누구 말대로 '보훈'이 곧 '안보'이고, '안보'가 있어야 '경제'가 있고, '경제'가 있어야 '민주주의'가 숨을 쉴 수 있습니다. 마치 망종에 보리를 베야 모를 심을 수 있는 것과 같은 이치입니다. 망종에 춘풍추상을 생각합니다.

윤상원은 오늘 미얀마 민주화운동의 현장에도, 미얀마의 탱크 앞에서도 서 있다. '임을 위한 행진곡'과 함께.

　1980년 5월 27일 총을 든 시민군 157명을 에워싼 2만 공수부대 앞에서 광주는 고립되어 있었다. 시민군 대변인 윤상원은 전남도청에서 17명의 시민군과 함께 마지막 광주항쟁에서 최후를 맞았다.

　그의 어머니는 아직도 살아 계시다. 꽃다운 나이에 피를 흘리고 그는 광주의 정신을 세우고자 남은 생을 희생했다. 그럼에도 우리는 한동안 그들을 폭도라 부를 수밖에 없었다.

형이 떠나고 난 후 박기순과의 영혼 결혼식이 있었다. 그때 만들어진 노래가 '임을 위한 행진곡'이다. 그 노래는 홍콩 민주화 현장에서도, 미얀마에서도 울려 퍼지고 있다. 그들이 대한민국 헌법안으로 들어왔다.

정의와 법치의 상징 윤석열 전 검찰총장이 말했다.

"헌법정신과 5·18 정신은 맞닿아 있다. 자유민주주의의 헌법정신을 피로써 지킨 항쟁이 바로 5·18 민주화운동이다."

정의가 기준이라면 광주가 대한민국의 중심인 셈이다.

이제서야 광주항쟁은 헌법정신을 지킨 위대한 역사로 남게 되었다. 총을 들고 계엄군에 맞선 시민과 시민군이 공권력에 맞선 폭도가 아니라, 헌법의 정신인 자유민주주의를 지키기 위한 헌법수호의 항쟁이었다고 인정하는 이 선언까지 40년이 걸렸다. 전남도청에서 최후를 맞은 윤상원 형을 포함한 영령들에게 바치는 최고의 국민훈장이다. 광주시민에게 드리는 온 국민의 위로다.

이 일을 하려고 윤석열은 저 외로운 광야에 홀로 서 있었구

나. 이제야 천안함과 5·18이 우리 역사 속에서 함께 손을 잡고 하늘에서 부둥켜안았다.

대한민국의 역사가 드디어 해원되었다.

관철동 중고서점 주인께 진심으로 감사드린다.

제발 '줄리'의 남자를 한 점 한 획도 지우지 말고 보존하라. 그대는 역설적으로 나라의 민주화에 기여하고 정권교체에 크게 기여했으니 2022년 3월 9일 이후 유공자 서훈을 기다릴지어다!

관철동 중고서점은 엔틱한 문파의 성지로 표현의 자유는 어떻게 관철되는가를 전 국민에게 가르쳐주는 문화재다. 보존하고 지정하고 기념하라! 줄리 벽화는 보존가처분 신청을 내야할 일이다.

아하, 이것이 진보의 위선이고, 이것이 문파들의 성인지 감수성이며, 이 나라 진보 위선의 최고 설치예술로 줄리 뮤직비디오까지 함께 상영하라. 민주주의를 표현하기에 이보다 더 명징한 작품은 없다.

백주대낮에 전 국민이 보는 와중에 벌어진 인격살인이 청와대 근처, 인권변호사 문재인 보유국에서 일어났다. 진실은 저들의 저주의 예술 앞에 아무런 가치가 없는 구겨진 휴지나 다름없다.

이 나라 진보 여성운동의 가면이 벗겨지고 그들은 처음부터 정파적이라니 문재인과 민주당은 민주와 인권에서 얼마나 멀리 피신 중이고, 586 운동권은 그 뿌리가 이 땅의 수많은 줄리를 짓밟고 힘없는 여성들을 조롱하며, 그들의 민주민중이 폭력이었고 패권이었고 가식이었음을 백일하에 드러냈다.

저 꿀먹은 벙어리들의 경선판을 보라. 바지를 벗고 줄리의 꿈에 입 다물고 반만 년 역사에 이런 감동은 백제에도 없었다. 그들은 어차피 이런 정도의 인권유린쯤이야 정치권의 양념이라 우길 것이다. 풍자와 유머 함부로 입에 담지 마라. 이 나라 민주주의를 짓밟아 죽였으면서.

관철동 중고서점 대표님 꼼짝 말고 하루도 줄리 곁에서 떠나지 마시길. 그곳은 성지가 되었고 자손만대 줄리의 꿈에 기대어 동냥만 해도 3대는 먹고 살지니 경하할지어다.

　왜 하필이면 관철동이고 왜 하필이면 중고서점이란 말이냐.

당의 척살에 합당한 사유가 있는가

저 김영환 죄인은 척살(刺殺) 당한 목을 가지고 척살의 이유를 들으러 당의 조직강화 면접을 보러 갑니다.

저는 친노친문과 싸워 얻은 4번의 낙선의 경력을 이유로 지난해 당 비대위로부터 지역위원장에서 제명되었습니다. 변절자라는 소리를 감수하고 당 중도통합의 상징으로 이 당에 오게 된 저는 이 4번의 낙선이 천형이 되어 국민의힘으로부터 씻을 수 없는 오욕을 당했습니다.

나는 이 오욕을 씻지 않고는 눈감을 수 없습니다. 인생이 걸린 문제이고 광주민주화운동 유공자증서를 반납하고 정치 인생을 마감하려는 제가 무슨 미련이 남아 지역위원장을 얻으러 면접을 보러 가겠습니까. 하나 아무리 생각해보아도 당의 처사는 불공정, 부정의의 구체적 표상이기에 이것을 바로 잡기 위해 오늘 당의 면접을 보러 갑니다.

1996년 15대 국회에 진출한 이래 25년의 파란만장한 김영환의 정치를 심판받기 위해 저는 국민의힘 고양병 지역위원장 면접을 보러 갑니다. 나는 다시 태어나도 4번의 낙선의 길을 갈 것이고 이것이 문제가 된다면 나는 기꺼이 당협위원장을 반납할 것입니다. 저의 4번의 낙선과 4번의 당선을 바꾸지 않을 것입니다.

제가 고양병 위원장에서 쫓겨난 이유라는 4번의 낙선은 2003년 열린우리당의 창당에 반대해서 시작되었고 저의 낙선은 친노와의 싸움에서 2번, 친문과의 싸움에서 2번으로, 김영환 정치의 본질이자 영광의 훈장입니다.

저는 광주화운동 유공자증서를 반납한, 우리나라 정치에서 유일무이한 사람입니다. 저는 당의 외연 확장을 위해 중도보수통합을 위해 미래통합당 최고위원으로 영입되었습니다. 광주에 가서 지도부가 무릎을 꿇고 중도 외연 확장에 사활을 걸면서 저를 척살하는 일은 온당하지도 공정하지도 않습니다.

저는 2016년 선거에서 국민의당으로 399표 차로 낙선했고, 합법적 부정선거였던 지난 총선에서 수도권 최고득표인 45% 6만 5,000표를 얻고 낙선했습니다. 당무감사에서도 좋은 평가를 얻었습니다. 그런 저를 민주화운동을 했다고, 전과를 가졌다고 배척하는 것과 무엇이 다릅니까? 지난 총선에서 저는 저의 오랜 지역구를 후배에게 양보하고 험지인 일산동구에 출마하여 낙선하였습니다. 그리고는 이 당은 낙선을 이유로 제 목을 쳤습니다.

2018년 경기도지사 선거에서 바른미래당 후보로 출마하여 낙선했지만, 지금 여권이 유력 대선주자라는 이재명 지사를 단기필마의 자세로 간담을 서늘하게 하기도 했었습니다. 제게 지역위원장 자리를 안 주어도 되니, 왜 당이 저를 척살하고 그 자리에 왜 아무런 연고도 없는 분을 꽂으려는지, 두 번씩이나 적임자를 찾지 못하여 연기했으면서도 저를 내쫓는 이유를 듣고 싶습니다. 이 대선과 지선을 앞둔 이 중대한 시기에 저를 배제하고 얼마나 훌륭한 분들을 배치해 진용을 짜려고 하는지 제게 그 연유를 알려주시기 바랍니다.

이곳 고양시에서 일어나는 일들은 제 지난 50년의 인생을 뒤돌아보게 합니다. 나의 공고한 민주화운동과 패권정치와 계파정치와 싸운 지난 17년의 처절한 저의 정치역정을 누가 쉽게 단죄하고 능멸한단 말입니까?

광주에 용서를 구하면서 국보위 출신 비대위원장이 저희 부부를 내쫓고, 험지에 출마하고서도 최고득표 한 저를 토사구팽했습니다. 지금 저에게 지역위원장이 뭐 그리 대단한 의미가 있겠습니까?

제가 척살된 이유를 명백히 듣고 싶습니다. 저에겐 명예회복이 필요할 뿐입니다.

오늘은 경술국치 111년이 되는 날, 아침부터 비가 내린다. 엊그제 '국민과 함께하는 안보포럼'에서 한미연합사 부사령관을 지낸, 후배들의 존경을 한 몸에 받는 김재창 예비역 대장의 연설이 머릿속을 떠나지 않는다.

100년 전에 우리가 나라를 잃은 것은 세 가지 이유였다는 말씀이었다. 첫째는 그 당시의 위정자들이 나라를 둘러싼 국제정세에 너무나 무지했고, 둘째는 나라를 지킬 군대를 양성하지 못했으며, 셋째는 우리를 도울 우방 하나도 제대로 만들지 못했다는 것이다. 111년의 세월이 지났으나 우리는 분단의 아픔 속에서 한 발자국도 앞으로 나아가지 못하고 있다. 역사는 되풀이되어야 하는가?

한반도를 둘러싼 국제정세는 미국과 중국의 패권전쟁으로 새로운 국면을 맞고 있다. 과거에는 군사적 냉전으로 대치했다면 지금은 기술, 무역 전쟁의 양상으로 겉모양만 달라졌을 뿐이다.

심지어 실질적인 나라의 안보는 남북분단 상황이라는 위험을 제대로 관리하지 못하여 북한의 핵 아래에 있다는 공포를 안고 살아가야 하는 불안한 정세가 조성되고 말았다. 이러한 정세 속에서 집권 세력은 미국과 중국 사이에서 어정쩡한 자세를 취하고 있고, 핵 문제에 단호한 태도를 보이지 못한 채 되레 북한의 눈치를 보는, 굴종적인 자세만 취하고 있다.

아! 세상 어디에 이런 나라, 이런 국가가 있었던가?

또 한미동맹은 어디로 가고 있는가? 한일 관계는 과거청산의 문제에서 한 발자국도 나아가지 못한 채 때아닌 죽창가를 부르는, 기막힌 현실 속에 서 있다. 한미연합 군사훈련은 축소되어 우리의 방어 훈련조차 북한 김여정의 허락을 구하며 진행하는, 기막힌 처지가 되었다. 도대체 핵무장과 핵의 고도화에 여념이 없는 북한에 더 무엇을 구걸하고자 머리를 조아리는가?

그 사이에 김여정의 말에 따르면 우리 대통령은 '소대가리'가 되었고 우리 국민의 자존심은 바닥을 치다 못해 땅 아래로 꺼져버린 지 오래다. 국민이 이럴진대 군은 말할 것도 없다. 군의 기강은 어딘지 모를 곳에 내동댕이쳐진 꼴이다.

하루가 멀다고 터지는 여당의 성추행 사건은 세계 어디에도 없는 희귀한 일인데, 대통령은 유체이탈을 한 것마냥 버럭 화만 내고 사과는커녕 변화의 단초도 보이지 않는다.

무엇보다 국가통수권자와 586 운동권 세력이 과연 나라를 지킬 의지와 결의가 있는지, 적지 않은 국민이 회의를 가지고 불안해하기에 이르렀다. 아! 나라의 안위가 다시 없게 걱정된다. 이 위험은 우리 안에 있다. 명백히 정치가 문제다.

비오는 국치일, 이 누란의 위기 앞에 달천강가에 홀로 앉아 내년 3월 9일을 생각해본다.

도대체 정의당은 야당인가 여당인가? 정의당은 이 뿌리 깊은 질문에 답해야 한다.

　나는 지난 총선에서 당시 미래통합당 김형오 공천심사위로부터 심상정 의원의 지역구인 고양덕양갑으로 출마할 것을 강력히 요청받았지만, 단호히 거절하였다. 어려운 처지의 진보정치의 싹을 도려내는 데에 나의 정치가 활용되어서는 안 된다고 생각하였기 때문이었다. 그러나 지금 나는 그 일을 후회하고 있다. 이제 그들은 결코 불판을 갈지 못한다. 그들의 집권 가능성은 제로다.

신선하기는커녕 식상하고 불편하다. 그녀는 왜 또 출마하는 것인가? 언제 또 뒷거래를 하고 들어갈까? 이런 합리적 의심을 던져주는 작은 해프닝일 뿐이다. 진보의 완벽한 몰락이다.

후보단일화는 없다고 목소리를 높이지만 그 자신의 국회의원 당선부터 4+1의 행태까지 그대의 이름은 민주당 2중대일 뿐. 정의당은 언제나 민주당의 자선에 기생해서 연명하는 구걸 정당이 되었다. 그녀의 출마가 대선에서 아무런 감동도 영향도 없는 이유이다.

그들은 이미 대선에서 변수가 되지 못한다. 그들은 야당이지만 그래서 그의 출마가 야권후보의 난립으로 야당 승리의 청신호가 되어야 마땅하거늘, 오히려 민주당에게 청신호가 될 것 같은 예감이 드는 것은 나만의 착각인가? 어쩌다 정의당이 말리는 시누의 처지가 되고 독자적으로는 당선도 집권도 불가능한 기웃기웃 정당이 되었나.

도대체 정의당은 야당이 맞는가? 이미 국민에게 진보당은 야당성도 진보의 독자성도 상실한 지 오래다. 민주당과의 연합공천으로 의석을 유지하고 4+1을 통해 연동형비례를 얻기 위해 공수처의 출범의 1등 공신이던 그대, 그대의 외도를 생생하게 기억하기 때문이다.

정의당이 이 나라 진보 세력으로 다시 태어나기 위해서는 지난날의 정치에 대한 솔직한 반성이 선행되어야 한다. 이 나라 진보 정당은 이미 민주당의 586과 함께 기득권이 되었다. 보기에 따라 사족일지 모르나 지난 경기도지사 선거 TV토론에서 어쩐지 이재명 후보와 친근하게 보이던 이홍우 정의당 경기지사 후보는 그 후 이재명 지사가 만든 경기도 시장상권진흥원 원장으로 취임하였다. 그리고 그들은 없던 보직인 상임이사 자리를 만들어 뇌물전과의 전직 경찰관을 상임이사로 앉혔다. 이렇게 그들은 그들만의 경제공동체로 진보의 가치를 팔아먹은 지 이미 오래다.

그들은 진보의 가치, 개혁 세력이 가져야 하는 자존심을 몇 석의 의석과 호구지책으로 바꿔 먹었다.

우리는 퍼주고 가니 다음 정부는 아껴라

문재인 정권이 마지막 성적표를 받아들고 비로소 그들은 역사의 뒤안길로 사라지게 되었다. 비로소 총체적 난국을 이끌다가 총체적 실패로 귀결났다. 국가부채 1,000조 시대! 이 지표로 끝말이다.

고단한 5년이었다. 인고의 시절이 아직도 6개월이 남았다. 국정의 총체적 실패가 드러난 지금 홍남기 부총리가 또다시 염장을 지른다. 이 말은 당부인가 빈정거림인가? 청사에 길이 남을 것이다. "우리는 퍼주고 가니 다음 정부는 아껴라."

1,068조 3,000억 부채… 1인당 2,000만 원의 빚 폭탄과 한 해 100조의 재정적자 국가채무 50%를 달성한 날, 선거 퍼주기 예산 8.3%가 늘어난 600조 예산이 발표된 날…

"다음 정부는 아껴라?"

하필이면 입법독재라는 말을 남기고 가는 이 정부가 유엔인권위로부터 언론침해가 우려된다는 경고장을 받았다. 이 일을 우선 패러디한다. 우리는 언론의 자유를 가져다 휴지통에 버리니 다음 정권에서 건져다 써라.

우리는 부득이 북한 눈치 보느라 한미동맹을 깰 수밖에 없었고, 김여정 남매 등쌀에 한미연합훈련을 거의 없애다시피 해 국군이 적이 없고 훈련이 없고 싸울 의지도 없는 군대가 되고 성추행으로 기강을 무너뜨렸으니, 다음 정권에서는 안보를 튼튼히 하라.

아듀 문재인 정권!
일일이 읊기도 숨이 차구나!

그대들은 퍼주기를 국정목표로 북한에 실컷 퍼다 주고, 소대가리 정권이 되고서도 아직 미련을 못 버리는가.

그대들은 코로나를 핑계로 퍼주기 예산살포를 국정기조로 하고서도 실업과 불평등의 나라가 되어 내년에도 세수가 20% 오른 세금폭탄을 남기고 거친 파도 너머로 떠나가게 되었다. 민주화운동을 주도했다는 사람들이 민주주의를 파괴하고, 입법과 규제로 시장을 왜곡하고, 불평등과 불공정을 사회에 똬리 틀게 했다.

굿바이 홍남기 부총리? 홍두사미란 말을 들으면서 누가 붙였는지 감탄이 절로 나왔다. 부동산 잡으려다 부동산 뛰고 전월세 잡으려다 전월세가 폭등 중이다. 무능한 정부가 숙제만 남기고 떠나가는 배에 올랐다. 그들이 보따리를 싸든 그 순간, 민주당 경선이 시작되었다.

역선택은 정권교체론을 희석하는 민주주의의 적이다. 여론조사로 후보를 뽑는 것 자체가 넌센스다. 그런 나라도 없고 그래서도 안 된다. 그러나 다른 방도가 없어 부득이 이 방법을 채택한다면 제한을 두고 엄격한 통제가 이루어진 다음에 실시해야 한다.

최근에 논란이 되는 역선택 문제는 원칙의 문제이고 상식의 문제이다. 여론조사 경선의 본말이 뒤집힐 수도 있는 해괴한 논쟁이다. 아니 자기 당의 후보를 왜 찍지도 않고 지지도 않을 여당의 댓글 부대에게 맡긴단 말인가?

후보경선은 왜 하는가! 5개월 남짓 남은 선거에서 승리하기 위한 것이다. 따라서 그 목표에 부합하는 조사방식을 채택하면 될 일이다. 이에 합당한 조사방식은 두말할 나위도 없이 1대1 경쟁력조사다. 여기에 어떤 반론이 있을 수 있단 말인가. 그것과 일치된 결과를 얻기 위해서는 차선으로 야당 지지자만을 대상으로 조사하면 유효지지율에 근접한 결과를 얻을 수 있다.

역선택을 근본적으로 막기 위해서는 여당 후보가 들어간 적합도든 1대1 경쟁력 조사든 아니면 야권지지자와 부동층만으로 하는 조사를 선택하면 된다. 이런 무수한 대안이 있는데 꼭 여당 지지자가 길목을 지키고 있는 외나무다리를 고집하는 이유가 무엇인가? 양심에 손을 얹고 이성의 갑판 위에 올라가 공정과 상식의 바다를 바라보라!

그러나 이보다 더 본질적으로 중요하게 생각할 것은 여당 지지자가 판을 치는 야권적합도 조사를 하면 조사대상자의 과반수를 차지하는 여당 지지자의 비위를 맞추는 부화뇌동의 정치를 하게 된다.

그 사례를 보자. 역선택에 기대어 후보가 되려는 후보는 갑

자기 약 먹은 닭처럼 문재인 정권과 민주당에 대한 비판의 수위를 낮추고 야성의 꼬리를 내리게 된다. 느닷없는 호남 총리론이나 박근혜 탄핵은 정당하고 문재인은 탄핵 사유가 전혀 없다는 주장이 야당 후보의 입에서 서슴없이 나온다.

역선택이 이쯤 되면 정권교체를 막는 드루킹이나 다름없다. 역선택의 정치는 정권교체론을 희석하고 마비시키는 민주주의의 적이다.

허허허… 이상한 나라의 이상한 선거로고.

전 과학기술부 장관으로서
탈원전 정책을 비판한다

새정치국민회의 소속으로 국회에 진출한 15대 국회에서 나
는 통신과학기술위원회에 배속되었다. 그때 당시에는 아무도
원하지 않았던 이 상임위에 내가 배속되자 나는 크게 실망하
였다.

　이 상임위는 무엇보다 언론과 국민의 관심을 끌지 못했다.
과학 일반에 대한 많은 지식과 급격히 변하는 통신의 발달로
인해 상임위 활동을 하기에는 턱없이 전문성과 경험이 턱없이
부족했다.

　나는 당 지도부에 강력히 다른 인기 상임위로 재배치해달라
고 요청했다. 그러나 나의 이런 주장은 원내 지도부에 의해 묵

살 당했다. 그 이유는 내가 그때 당시 신설된 당 10역인 당의 정세분석실장으로 발탁되었고 당의 주요 당직자들은 상임위 배치에서 우선권을 주지 않는 관례에 따른 것이었다.

지금 생각해보면 정보화가 급격히 일어나고 과학기술, 특히 IT, BT, NT, ET, ST, CT 등 신기술이 생겨나고 초고속통신망과 방송과 통신의 융합이라는 혁명적 변화의 중심에 온 사회가 서 있었거늘 특히 모바일 격변이 일어나는 등 정보화와 과학기술 일대 혁명기의 중심에 있던 때에 시대의 흐름을 제대로 파악하지 못한 채 상임위에 임했다. 그러나 당시는 이것이 나의 운명을 바꾸어 놓을 줄은 전혀 모르고 있었다.

그때 나에게 찾아온 비인기 상임위가 언제나 상임위 1등 국회의원이라는 영예와 새로운 변화를 체감하게 해주었고 새로운 과학기술 통신혁명의 변화를 힘들지만 따라잡을 기회를 주었다. 특히 2000년 밀레니엄 시대에 접어들면서 나는 정권교체와 함께 출현한 김대중 정부의 제3대 과학기술부 장관에 취임하는 영광을 누리게 되었다.

그러나 나의 통신과학기술위원회 활동은 원자력이라는 내가 전혀 알지 못하는 분야로 나를 인도했다. 내가 원자력을 대할 때마다 가지게 된 마음은 무엇보다 두려움이었다.

이 작은 국토에서 방사능이 누출되는 사고가 발생한다면 나라의 운명이 어떻게 될 것이며, 아름다운 금수강산이 폐허로 바뀌게 될 걱정이 앞섰기 때문이었다. 그나마 다행히 나는 이공계 출신이고 전기기술자격증을 6개나 가진 특급 기술자라는 자부심과 자신감이 있었다. 다른 의원들보다 원자력 분야의 용어와 기술을 이해가 당연히 빨랐고, 이 공부는 실무에도 큰 도움이 되었다.

내가 20대 때, 젊은 시절 노동운동을 하기 위해 전기기능사 2급부터 전기기사 2급, 전기안전기사 2급, 전기공사기사 2급, 전기공사기사 1급, 전기소방기사 1급 자격증을 땄다. 여러 공사업체와 노가다 공사판에서 시공, 설계, 감리로 호구를 한 6년여의 공장 경험이 나를 원자력은 물론 과학기술 분야를 비교적 잘 이해하는 국회의원으로 만들어주었다.

이 덕에 매년 국정감사가 끝나면 언론과 NGO가 발표하는 우수 국회의원에 나는 늘 최우수 국회의원으로 선정되었다. 그것을 지켜보고 언제나 격려해준 김대중 대통령께서는 파격적으로 나를 45세의 나이에 국가의 원로 과학자들이나 가는 자리인 과학기술부 장관으로 발탁해주신 것이다.

내가 우리나라 원자력에 대해 갖는 첫 번째 원칙은 우리나라는 물론 세계 어느 나라도 원자력은 안전성에 있어 완전한 기술이 아니라는 회의로부터 출발한다.

나는 우리나라 국민의 '빨리빨리' 습성, 공사현장에서 목격한 '대충대충'의 자세가 원자력발전의 시공과 운전에도 틀림없이 똬리 틀고 있을 것으로 의심했다. 너무 자학적인지도 모르겠지만 우리가 원자력발전소 시공을 100% 완벽하게 하리라는 확신이 없었다. 원자력의 안전에 대해서는 절대 누구도 믿을 수 없고 타협할 수 없었다. 우리는 삼풍백화점을 무너뜨리고 성수대교를 붕괴시켰으며 세월호를 침몰시킨 나라이다.

나는 국회 상임위 활동의 많은 부분을 원자력발전의 안전문제에 할애하였다. 또 자화자찬 같지만, 그리하여 원자력 전문의라는 별명을 얻게 되었다. 그동안의 내 의정 활동을 통해 얻은 것을 메모 없이 평소의 지식으로 말해본다. 그동안 의정과 국정 경험을 통하여 우리나라 원자력발전에는 다섯 가지 취약점이 있다는 점을 파악하게 되었다.

첫째, 우리나라 원자력발전은 특히 고리, 월성, 울진 등이 지질학적으로 지진대 위에 자리 잡고 있다는 점이다. 산업화가 경부축을 중심으로 진행되었고 부산, 울산, 포항, 창원 등에 생산시설이 집중되어 막대한 전력 공급이 필요했다. 또 동해안의 수심이 깊어 온배수 문제가 발생할 가능성이 작다는 이점이 있고 송배전이 수월하다는 점 때문에 영남단층대 혹은 울산단층대인 활성지진대 위에 원전이 올라앉게 되었다.

아마 원전을 설계, 시공할 당시 우리나라는 지진의 안전지대라는 안이한 생각이 자리 잡고 있었지만 나는 국회의원이 되자마자 이 문제를 집중적으로 제기하였다. 우리 언론마저 내가 제기하는 문제점에 크게 관심이 없었는데, 홍성 지진 이후 빈발하는 지진과 특히 경주 근방에서 크고 작은 지진이 발생했다. 이를 보고 나는 활성 단층대가 원전 지역과 일치한다고 판단해 또 문제를 제기했다. 이 문제는 여러 논의를 거쳐 우리 원전의 내진 설계를 진도 6.0에서 7.0으로 상향하게 되는 결론으로 보완되었다.

둘째, 우리 원전기술은 핵연료 주기를 완성하지 못하고 있다는 점이다. 특히 고준위폐기물 처리 방안을 아직도 마련하지 못하고 있는 점이 뼈아프다. 이것은 정치권의 무능과 무책임에 가장 큰 이유가 있다. 한미원자력협정이 대폭 수정되어야 한다. 미국은 핵확산 방지라는 명분으로 우리의 고준위폐기물 처리를 막고 있다.

궁여지책으로 우리는 건식 처리방식에 수천억 원을 들여 '파이로프로세싱'이라는 방식에 심혈을 기울이고 있으나 아직도 실행에 옮기기에는 많은 시간과 노력이 필요한 실정이다. 최근에 와서야 엔지니어링 스케일에서 이 기술의 안정성을 확보하게 되었다.

셋째, 부실시공의 문제이다. 원전 시공에서 절대 있어서는 안 되는 수백 곳의 미확인 용접 부위가 발견된 것이다. 자칫하면 폭발사고를 일으킬 수도 있는 불량 용접이 우리 원전 수백 곳에서 발견되었다는 나의 폭로와 문제 제기로 결국 원전 가동을 잠시 멈추고 실제 불량 용접 부위를 수백 곳이나 보완하였다. 지금도 원전 구석구석에 숨어 있는 불량 용접 부위가 있는 채로 원전이 가동되고 있다고 생각하면 모골이 송연하다.

넷째, 원전을 처음 시공할 때 증기발생기의 재질에 문제가 있었다. 인코넬 690으로 만들어졌어야 할 세관이 인코넬 600으로 만들어져 매년 세관 부식으로 냉각수가 새는 문제가 발생하였다. 방사능 누출이 현실이 될 수 있던 것이다. 그나마 이후의 보수공사 때 통째로 세관을 교체하여 상당 부분 개선되었다고 한다.

다섯째, 영광원전의 온배수 문제다. 동해안에 비해 수심이 낮은 서해안에 원전이 지어져 바다의 수온이 올라가 주변 어장이 피해받는 문제가 수십 년에 걸쳐 발생했다. 그동안 어민들의 피해는 채 수치로 나타낼 수 없는 정도인 것이다. 이 일로 민원과 소송이 계속되었다는 점은 굳이 말로 하지 않아도 되겠다.

이런 어려움을 딛고 우리 원전은 네 가지의 큰 업적을 남겼다.

첫째, 원전의 시공, 부품생산의 자급화를 달성하였다. 한국형 원전의 설계는 물론 시공과 부품생산에 있어 놀라운 성과를 이뤘다.

둘째, 임계사고 특히 사망사고가 없는, 세계에서 몇 안 되는 나라가 되었다.

셋째, 원전의 가동률에서 가장 안전하고 효율적인 시스템을 구축하는 데 성공하였다.

넷째, 세계에서 가장 저렴한 시공능력과 공기를 단축할 수 있는 능력을 갖추게 됨으로써 세계시장에서 수주 및 시공 경쟁력을 갖게 되었다.

이런 어려움과 성과 위에서 한국의 원자력은 실로 눈부신 성장과 놀라운 성과를 일구게 되었고, 나라의 몇 안 되는 초격차 시공 기술을 가진 경쟁력 있는 분야로 성장하였다.

특히 다른 에너지가 거의 전무한 이 나라에서 제조업을 안정적으로 뒷받침하고 전기를 공급한 원자력의 역할은 무엇으로도 대치할 수 없는 소중한 대안이자 기술이 되었다.

그러나 이 정부는 지금 탈원전이라는 비현실적이고 무리한 정책 결정으로 치르지 않아도 될 비용을 넘치도록 치르는 중이다. 우선 한전과 그 계열사는 무려 150조 원에 달하는 적자를 떠안게 되었다. 당연히 이 부담은 국민의 몫이다. 이는 곧 전기세 인상으로 돌아올 것이다.

원전의 문제점을 극복하기 위해 그 대안으로 제시된 신재생에너지는 현재 우리나라에 맞지 않을 뿐 아니라 간헐성이라는 한계가 있어 원전을 대체하기보다는 서로 보완해야 할 에너지인데 지나친 비중을 부과해 원전을 대체한다는, 어처구니없는 몫을 차지하게 되었다.

원자력발전이 그 안전성에서 더욱 보완하고 개선해야 할 부분이 있다고는 하지만, 그렇다고 이것을 포기하는 것은 더없는 미친 짓이다. 자동차 사고가 생긴다고 모든 자동차를 없애

버리자고 주장하는 사람은 없지 않은가?

기후변화 등으로 세계가 탄소 중립으로 가고 있는 상황에서 탄소 제로의 그린에너지인 원자력의 중요성은 더욱 중요해지고 있다.

더욱이 수소경제의 시대가 다가오고 세계가 지금 차세대 소형원자로 SMR에 계발에 집중하고 있는 상황에서 우리는 시대착오적인 탈원전 정책을 밀어붙이는, 씻을 수 없는 과오를 저지르는 중이다. 지금이라도 정부는 이미 허가가 난 신한울 3, 4호기의 건설을 재개함으로써 무너진 원전생태계를 시급히 복원해야 한다.

우리의 원전은 다시 기지개를 켜고, 새로운 차세대원전을 계발하고, 세계로 웅비할 준비를 할 때다.

"대한민국 만세!"입니다.

그동안 우리가 풀지 못했던 고준위 방사성폐기물 처리를 위해 오랫동안 연구해왔던 건식 처리기술인 파이로프로세싱에 대해 미 정부가 "타당성이 충분하다"는 결론을 내렸다는 보도인데, 그렇다면 낭보 중 낭보입니다. 이것으로 전 세계 원자력계가 풀지 못했던 고준위 방사성폐기물 문제를 세계 최초로 해결할 수 있는 길을 찾았고, 탈원전 정책의 방어벽을 뚫을 수 있게 되었다는 이야기이기도 합니다.

이렇게 되면 엄청난 이점들이 생깁니다.

첫째, 고준위 방폐장이 없어 원전의 지하 수조에 수십 년간 포화상태로 임시 저장하고 있는 수십만 톤의 연료봉을 처리할 수 있는 근본적인 해결방안이 될 것입니다.

둘째, 지난 수십 년 동안 우리가 쓰고 난 고준위 핵연료봉은 도리어 엄청난 자원이 될 것입니다. 그것은 90% 이상의 우라늄 235가 그대로 남아 있는 엄청난 자산이자 국가의 보물이 될 것입니다.

셋째, 이러한 선진기술로 우리는 세계에서 고준위 방사성폐기물 리사이클링 선진국으로 도약해 엄청난 국부창출과 일자리 창출에 기여할 것입니다.

넷째, 지금 우리가 제시하는 파이로프로세싱 기술은 건식으로 플루토늄 생산과 무관해 핵확산 금지와는 아무런 연관이 없는, 획기적인 기술입니다.

탈원전 정책은 아무런 과학적 근거도, 실익도 없습니다. 원전은 빌 게이츠도 주목하는 미래 청정에너지입니다. 정부의 근본적인 방향전환이 필요한 동시에 이번 대선에 가장 중요한 정책으로 부상할 것입니다.

저는 지난 20년 동안 미국도 인정하는 세계 1등 한국의 원전이 어떻게 발전하고 성장하는지 지켜봤고, 지난 4년 동안 소중한 세계 1등의 우리 원전기술이 폐기되는 과정까지 지켜봤습니다.

국회 지경위원장 시절, 아랍에미리트에 우리 기술로 원전이 지어지는 것을 직접 가서 보았고, 핀란드의 지하저장고와 프랑스의 고준위 방폐장이 있는 도시, 쉘부르를 돌아본 적도 있습니다. 오늘은 대한민국 과학기술에 새로운 개척의 서광이 비치는 날입니다. 과학과 정의는 언제나 승리합니다.

아! 하늘이 우리 민족을 굽어살피고 있습니다. 이렇게 황금 같은 시기에, 적시적기의 기술을 제 발로 걷어차는 우를 범하지 마시길 바랍니다.

원전을 제자리로 돌려주십시오

1616년 2월 18일, 로마 교황청 추기경위원회는 지구가 태양 주위를 돌고 있다는 갈릴레오 갈릴레이에게 "철학적으로 우매하고 신학적으로 이단적인 지동설을 철회하라"며 재판을 내립니다. 여당대표와 대통령의 청와대 만찬을 보고서 지동설에 대한 재판을 떠올리지 않을 수 없었습니다.

저는 이 나라의 과학자들을 대표해서 요설 때문에 혀를 뽑히고 장작더미에 올라갈 수도 있겠다 싶습니다. 여당대표의 헛소리를 듣고 있자니 '벌거벗은 임금님' 앞에서 역린을 건드리지 않기 위해 몸을 사리는 신하의 모습이 역력하게 떠올랐

습니다. 그는 말을 꺼내기 전에 대통령의 특별회견을 보고 희
망을 보았다고 했습니다.

오호통재라!
나는 똑같은 회견을 보고 절망을 금할 수 없었거늘!

청와대에서 자리하고 있는 누구 하나 "임금님께서 옷을 벗
고 계시다"라고 말하는 이가 없었습니다. SMR을 허용해달라
는 말도 쉽게 꺼내지 못해 진땀을 흘리고, SMR 허용을 요청하
는 말을 하는 것조차 감지덕지해야 하는 수준이었습니다. "탈
원전 정책을 철회해야 합니다"라는 말은 입 밖으로 꺼내지도
못한 채 변죽만 울렸습니다.

탈원전은 정치권의 '무지의 용기'와 대통령의 '오기의 정치'
가 만든 대참사입니다. 이 대참사의 폐해는 우리 후손들에게
엄청난 멍에로 젊은이들에게 무거운 짐을 지우게 될 것입니다.

나라 안에서는 아직 더 쓰고도 남을 멀쩡한 원전을 줄줄이
폐기처분하고 건설 중인 신한울 3, 4호기마저 포기했습니다.
앞으로 매해 더 더워질 여름에 닥쳐올 전력 부족 문제가 눈앞
에 그려집니다. 제가 20년 전 김대중 정부 시절에 최연소 과학

기술부 장관으로 임명된 까닭은 전기공사기사 1급 자격증을 비롯해 6개의 기술 자격증을 보유한 실무역량 덕분이었습니다. 저는 국회 과학기술정보통신위원회에 있으면서 8년 동안 원자력만 공부하기도 했습니다.

본업이 치과의사인지라, 국회에 있을 때는 '원자력 전문의'라는 별명도 얻었습니다. 우리나라 원전이 활성 단층 위에 있다는 것을 밝혀낸 것도 저였고, 원전에 미확인 용접 부위가 수백 군데 있다는 것을 밝혀 원전을 정지시켰던 것도 저였습니다.

저는 누구보다 원전의 안전성에 민감하게 반응했고 사후대처 이전에 예방에 힘썼습니다. 그런 제가 피를 토하는 심정으로, 미욱하나마 나라에 마지막 힘을 보탠다는 충정으로 탈원전 정책을 철회해달라고 요청합니다.

비할 데 없이 지순한 마음으로 적습니다. 대통령님께서는 체코와 카자흐스탄에 원전기술을 수출하려 힘을 쏟으셨습니다. 그런데 정작 우리는 탈원전을 하겠다는 건 우리가 먹어보니 독이 든 것 같은데 당신들이 한번 맛보라는 꼴과 무엇이 다릅니까. 우리는 폐쇄하고 멈추고 부수면서 아랍에미리트에는 원전을 수출하고 완공을 축하한다는 게 사리에 맞는 말입니까? 왜 이리 거대한 정치적 선택을 국민 공론에 맡겼습니까? 이 질문은 거북선을 건조할 것인가 말 것인가를 한산도 주민에게 묻는 것과 같습니다.

미국 대통령을 만나신다 들었습니다. 원전을 다시 건설하고 막대한 예산을 들여 SMR을 개발하는 미국 대통령에게 "원자력발전은 인류가 사용하기에 너무 위험한 발전 방식이니 절대 개발하거나 사용해서는 안 된다" 설득할 자신이 있습니까?

빌 게이츠가 왜 사재까지 털어서 원자력발전 회사인 '테라파워'를 만들었겠습니까. 원자력발전에 막대한 자금을 쏟고 있는 빌 게이츠는 "전기차의 대중화, 전기난방, 공장자동화 등에 들어가는 막대한 에너지와 탄소 중립을 위해 원자력이 필요하다"라고 말하고, "한국은 2050년까지 탄소 제로를 달성하기 위해 원전이 필요하다"라고 조언하기까지 합니다.

'친중사대'라는 오해를 들어가면서 민주당이 매달리는 시진핑의 중국 역시 원자력을 중시하기는 마찬가지입니다. 그들이 왜 산둥반도를 포함해 임해 공업지역에 100여 기의 원전을 건설하려 할까요. 당연히 그만큼 검증되고 효율적인 에너지이기 때문입니다.

이제 본론입니다. 탈원전을 하루빨리 철회해야만 하는 세 가지 이유를 말씀드리겠습니다.

첫째, 우리는 2050년까지 온실가스를 줄이고 탄소 제로를 달성해야 합니다. 이 좁은 땅덩어리에서 밀집적으로 에너지를 쓰는데, 원전 이외의 다른 에너지로 과연 그 목표 달성이 가능하겠습니까?

둘째, 세계는 지금 수소에너지, 특히 그린 수소를 얻기 위한 전쟁에 돌입했습니다. 수소에너지는 에너지 자원의 게임 체인저로 각광을 받고 있습니다. 이것을 생산하기 위해서는 전해조의 물을 500~800℃까지 끌어올리고 많은 양의 전기를 지속적으로 공급해야 합니다. 이를 위해서라도 전 세계가 SMR에 목을 매는 상황인 것입니다.

셋째, 고준위 핵폐기물을 처리할 획기적인 기술, 파이로프로세싱에 대한 큰 진전이 있습니다. 그동안 진행된 한미 협동 연구의 결과가 두세 달 뒤에 발표됩니다. 이것만 확인된다면 획기적인 변화가 가능합니다.

첫째, 우리 원자력발전에 가장 큰 난관이 하나 해소되고 핵연료 주기가 비로소 완성됩니다.

둘째, 지금 원자력발전소의 지하 수조에 거의 포화 상태로 있는 2,000만 개의 폐핵연료봉을 자원으로 재활용할 수 있는 전화위복을 일굴 수 있습니다.

셋째, 건식으로 처리되는 파이로프로세싱 기술로 폐기물의 분량을 최소한 1/20로 줄일 수 있고, 따라서 폐기 비용을 절감할 수 있습니다. 미국 애리조나 주 정부가 폐핵연료봉의 반입을 결정한 것이 2019년의 일입니다. 그래서 실험이 가능해졌습니다. 그것도 실험실의 수준의 랩 스케일이 아닌 엔지니어링 스케일로 실험할 수 있었습니다.

우리의 과학자들이 원자력 홀대를 뚫고 핵연료 주기 완성에 성큼 다가섰습니다. 왜 우리는 자랑스러워해야 할 우리의 자식인 원자력을 남의 자식보다 못하게 취급하는지 그 이유를 원체 알 수 없습니다. 탈원전은 시대착오적인 정책으로 판명되었습니다. 그런데도 이 시대착오적인 정책을 밀어붙이는 '미친 정책'으로 세계 1위인 한국형 원전의 생태계가 밑기둥부터 허물어지는 중입니다. 과학자들의 사기는 떨어지고 원전 설계시공 기술자들이 직장을 잃었으며 전공 인력이 자취를 감추고 있습니다.

임기 5년의 정부가 지난 70여 년간 하나하나 쌓아 올린 원전의 역사를 부정하고, 근대화에 눈부시게 기여했고 지금도 기여하고 있는 에너지기술을 일순간에 망치고 있습니다. 세계 1등 기술을 헌신짝처럼 내다 버렸습니다. 대한민국의 미래에 자물쇠를 채웠습니다. 세계의 흐름을 파악하지 못하고 쇄국의 길을 선택해 망국의 한을 남긴 조상들의 전철을 다시 한번 밟고 있습니다.

무지한 자들이여! 무지의 용기를 버리고 과학과 실용의 길로 오라. 한국의 갈릴레이가 말한다. 과학적으로 우매하고 우물 안 개구리 같은 매국적인 탈원전 정책을 철회하라!

좋은 레토릭이 많이 남은 한미 정상회담이었습니다. 외상이 많고 현금이 적고 어음이 남발되었습니다. 그러나 허울 좋은 말들의 거품을 걷어내면 백신은 오지 않았고 뚜렷한 실체 하나 잡히는 것이 없이 우리 기업이 44조 원 규모의 대미 투자를 하기로, 게다가 선불로 현금결제를 약속했습니다. 미국은 한국에 4조 원만 투자해도 대박입니다만… 아무튼 좋습니다.

이번 정권에서 가장 힘을 주던 문제 중 하나인 북핵 문제는 어땠나요. 북핵 해결에 뚜렷한 진전도 없었고 공은 김정은 비핵화인데 글쎄, 말을 들을까요? 생색과 변죽에 헛물 추가입니다. 우리 군이 보유한 미사일의 사정거리는 베이징과 도쿄까지인데 북은 핵에 대륙간탄도미사일(ICBM)에 전술핵에… 휴! 이것에 맞선다고요?

이 비대칭에 비해 성과라면 성과인, 그리고 지금 전 국민에게 가장 필요한 백신 문제를 이야기해봅시다. 사실 국민이 바라는 건 그리 대단한 게 아니에요. 답답하니 마스크만 좀 벗게 해달라는 겁니다. 이미 선진국은 하나하나 마스크를 벗고 있죠. 우리나라는 그렇게 자화자찬하며 얼굴에 금칠하기 바쁜 방역 시스템까지 갖춘 '방역 선진국'이니, 임기 중에는 이룰 수 있는 목표겠죠? 그런데 겨우 5만 5,000회분의 백신을 얻고서 최고, 최대 성과라며 또 업적을 칭송하기 바쁘니… 아무튼 다 좋습니다. 그래, 우리는 언제 마스크를 벗을 수 있는 겁니까?

마지막으로, 혹시 원자력 자주권을 얻겠다는 발상은 해보기나 했습니까? 한미 정상회담에서 "원전사업 공동참여를 비롯한 해외 원전시장에서의 협력을 강화하고 최고 수준의 원자력 안전, 안보, 비확산 기준을 유지하기로 했다" 이 점은 그래도 평가해볼 수 있을 법한 성과입니다. 해외 원전시장에서 우리가 빠진 틈에 중국과 러시아가 판치고 주름잡으니 부랴부랴…

2개월 전 사우디 수주부터 중동, 아프리카 등의 시장이 크게 열리고 있는데 왜 우리는 먼저 앞장서서 시장을 개척해도 시원치 않을 상황에서 대통령이 자국의 원전 시장을 박살 내며 수출의 발마저 묶는 겁니까?

'나라 안에서는 탈원전, 나라 밖에서는 원전 수출'이 양립 가능하다고 생각하는 겁니까? 산자부 장관은 "탈원전과 해외에서의 원전 수출은 별개"라는 발표를 하고 있습니다만 삼척동자도 말 같지 않은 얘기라는 걸 알 수 있습니다.

이것은 원전정책이 '과학의 주기를 벗어나 신념의 궤도로 퇴행했다'는 것을 보여줍니다. 역사에 남을까 몸서리치게 두려운 궤변입니다. 지금 시대에는 세계 어느 지역에서도 맞지 않습니다. 정치가 과학을 찍어눌러 기어코 '지구는 둥글지 않다'는 자백을 받아낸 셈입니다.

이제 탈원전의 수명은 얼마 남지 않았습니다. 곧 바스러질 현 정권과 함께 역사의 뒤안길로 사라질 것입니다. 하지만 탈원전의 폐해는 이 정권이 끝나고 나서도 쉽사리 그치지 않을 것입니다. 이미 압력관(pressure tube) 교체에 7,000억을 들여 더 쓰고도 남을 캔두형 중수로인 월성 1호기를 조기 폐쇄한 일만 봐도 두고두고 문제가 될 겁니다. 압력관을 완전히 새로교체해 10년을 사용하고도 남을 멀쩡한 발전소가 멈춰 섰습니다. 엄청난 국고손실이라고밖에 말할 수 없는 것입니다. 누가 이 손실을 책임질 것입니까? 앞으로 이 정권의 적폐청산 1호가 될 것입니다.

월성원전 폐쇄 건만으로도 지난 정권의 적폐와 능히 견줄 수 있습니다. 지금도 벌어지고 있는 직권남용과는 또 다른 사법 심판을 받게 될 것입니다. 지금이라도 낡고 시대에 뒤떨어진 몽매한 신념에서 빠져나오시길 간곡히 바랍니다. 이런 상황의 변화에 맞춰 정부는 '무지의 선입견'을 버리고 탈원전 정책을 스스로 철회하시기 바랍니다.

특히 2050년 탄소 중립을 위해서도, 더 나아가서 다가오는 미래의 수소 시대를 대비하기 위해서도, 그린 수소의 생산을 위해 필수적인 SMR의 개발을 위해서도 탈원전은 미친 정책입니다.

지난 정권 4대강 사건을 그토록 반대하더니 탈원전 정책을 무리하게 진행하다가 전 국토를 '신재생 환경파괴의 현장'으로 만들고야 말았습니다. 이제는 아예 30억 그루를 베고 산을 민둥산으로 만들 '원자력 벌채'를 감행할 태세입니다. 도대체 나무가 무슨 죄를 지었나요? 실패한 정권, 불행한 대통령을 만들지 않기 위해 다음 대통령이 뽑힐 대선까지 9개월 남짓 남은 동안 대못을 뽑아야 합니다. 천추의 한을 남기지 말아야 합니다.

첫째, 확인된 고준위폐기물 처리 기술을 탈원전 정책과 상관없이 완성해야 합니다. 건식으로 처리되는 파이로프로세싱 기술로 폐기물의 분량을 최소한 1/20로 줄일 수 있고, 따라서 폐기 비용을 절감할 수 있습니다.이미 실험실 수준인 랩 스케일이 아닌 엔지니어링 스케일로 실험이 이루어졌습니다. 우리의 과학자들이 원자력 홀대를 뚫고 핵연료 주기 완성에 성큼 다가섰습니다. 2011년부터 한미 원자력 과학자들의 공동연구 결과가 이달 안에 나오게 됩니다.

이 파이로프로세싱 기술은 1997년부터 지금까지 4,132억 원의 예산이 들어갔으며 부수적 과제인 소듐냉각고속로(SFR)에도 3,757억 원이 들어간 거대 기술입니다. 이 기술에 문제가 없다면 탈원전 정책과 관계없이 연구개발이 가능하도록 꼭 지원해야 합니다.

둘째, 중지된 신한울 3, 4호기의 건설을 재개해야 합니다.

셋째, 원전을 포함한 에너지 정책을 재정립해야 합니다.

넷째, 고리 2호기를 포함하여 월성 2호기 폐쇄에 신중에 신중을 기해야 합니다.

제발 임기가 얼마 남지 않은 이 정부가 그동안 몽매하게 저질러 놓은 대못을 하나라도 더 빼고 가시기를 빕니다.

지구는 어제도 오늘도 둥급니다.

간절히 부탁드립니다, 대통령님! 두산중공업 야적장에 한 번이라도 다녀오십시오.

문 대통령께서는 서울 동대문 디자인플라자(DDP)에서 열린 '2050 탄소중립위원회' 출범식에서 "탄소 중립은 제조업 비중이 높고 화석연료 의존도가 높은 우리의 산업구조를 감안하면 쉽지 않은 일"이라면서도 "우리가 어렵다면 다른 나라도 어렵기는 마찬가지이고, 다른 나라들이 할 수 있다면 우리도 못 해낼 것이 없다"고 말씀하셨습니다. 전적으로 공감입니다. 지난번 기후정상회담에서 2050년까지 탄소 제로를 달성하겠다고 목표를 제시하셨죠? 참 잘하셨습니다.

전 과학기술부 장관으로서, 제가 아는 가장 쉬운 정답을 말씀드리겠습니다. 탄소 중립 실현을 위한 가장 손쉬운 길은 탈원전 정책 포기입니다. 탄소 제로의 그린에너지인 원전을 포기하면서 그 어려운 탄소 제로를 어떻게 달성하려고 하십니까? 미국과 협력하여 해외에 진출하기로 합의하셨으니 제발 마음을 바꿔주십시오.

당장 입장을 전환하기 어려우시다면 우선 두산중공업 야적장에서 페인트를 뒤집어쓰고 비를 맞고 있는, 이미 7,000억 원이 투입된 신한울 3, 4호기만이라도 하루빨리 시공에 들어가도록 조치해주십시오. 원전을 생산하는 부품 소재 등을 제조하는 하청 중소기업들이 줄줄이 문을 닫고 기술자들이 이미 하나둘 직장을 떠나고 있습니다.

신재생에너지와 원자력은 원래 탄소 제로의 에너지로 이웃사촌입니다. 우리가 탈원전이냐 신재생이냐 하며 둘 사이에 줄을 긋고 내외시킨 것뿐입니다. 신재생에너지는 일조량과 기상 여건 등에 따라 전기의 발전량이 매우 가변적인 간헐성 문제를 보이는 데 반해, 원자력은 기저전력으로 안정적일 뿐 아니라 부하조정(load following)을 통해 신재생에너지의 간헐성을 보완할 수 있습니다. 특히 SMR은 이보다 좋은 궁합을 찾기 어려울 정도로 딱 맞는 기술입니다.

당장 두산중공업 야적장에 가보십시오. 7,000억의 예산을 투입하고도 생산이 멈춰 텅 빈 원자로와 증기발생기 생산 라인을 돌아보십시오. 그 폐허를 똑똑히 보셔야 합니다. 이 일은 정치인들의 '무지의 용기'와 지도자들의 '오기의 정치'가 만든 대참사입니다. 그곳에서 비를 맞고, 녹이 슬어가고, 페인트를 뒤집어쓰고, 하우징이 널브러진, 원전학살의 현장을 가서 똑똑히 보아두십시오. 언젠가는 역사의 심판대에서 원전이 어떻게 거열형을 당했는가를 보여주는 현장으로 두고두고 기억될 유적입니다. 그 유적을 보고 오십시오.

남양유업이 사모 펀드에 팔릴지도 모르겠습니다. 남양유업이 1964년에 창업했으니 57년 만에 훅 간 거죠. 우리는 전쟁 이후 남양분유를 먹고 자랐습니다. 동시에 1964년은 근대화가 시작된 해입니다. 근대화 이후 대한민국은 수많은 곡절을 거쳐 여기까지 왔습니다. 보릿고개를 넘으며 그 과실을 먹고 우리는 자랐습니다. 자식을 길렀습니다.

그러나 지난 5년, 문재인 정권하에서 한 번도 경험해보지 못한 나라를 경험하게 되었습니다. 이렇다 할 성과가 없는, 역대급 정부가 되었습니다. 아니, 나라가 제자리에서 몇 발자국 뒷걸음질 쳤습니다.

2020년 9월 17일에도 문 대통령께서는 그곳에 다녀오셨지요. 그곳에서 열린 그린뉴딜 선포식에 가셔서 LNG 터빈발전기 앞에서 '대한민국 두산중공업의 힘!'이라고 서명하셨죠? 그러나 죄송하게도 LNG 가스터빈은 그린에너지가 아닙니다. LNG가 석탄에서 나오기 때문입니다. 이런 허무맹랑한 무지로 원전을 죽이고 그린에너지라 자랑하는 판국이니, 지도자의 무지가 나라를 망치는 꼴이 아니고 무엇이겠습니까? 이런 허무맹랑한 무지 때문에 원전을 죽였습니다. '불가리스가 코로나 19에 효과가 있다'고 우기는 것과 다를 바 없습니다. 계속 이러다가는 대한민국도 훅 가고 맙니다.

멀쩡한 원자력정책을 폐기하고, 탄소중립을 위해 멀쩡한 30억 그루의 나무를 자르겠다니. 이는 결코 정상적인 사고가 아닙니다. 상식에 대한 모욕입니다. 이렇게 단 한 번의 집권으로 나라를 망가트리다니 그저 놀라울 뿐입니다.

제발 두산중공업에 다녀오시고 야적장에서 원전 관계자들의 한숨과 무너진 하청업체의 눈물부터 닦아주시길 바랍니다.

탈원전의 비용

드디어 올 것이 왔습니다.

허깨비에 눈먼 모리배의 정치가 기어코 조 단위의 피 같은 돈을 허공에 풀풀 날려버리고야 말았습니다. 이 허깨비 정치의 대가는 2030 세대의 짐으로 남게 되었습니다.

탈원전이 초래한 손실을 전기요금의 3.7%로 모은 전력기금으로 보전하겠다는 전기사업법시행령이 국회를 통과했습니다. 이미 7,000억 원을 날려버린 월성 1호기를 포함해 계획된 원전 7기의 폐쇄 비용 등 총 1조 4,000억의 매몰 비용은 고스란히 우리 전 국민의 전기요금 청구서에 반영되게 되었습니다. 이미 7,000억 원 이상 들어간 신한울 3, 4호기의 증기발생기와 주단조 부품들이 두산중공업의 야적장에서 페인트를 뒤집어쓰고 부식과 싸우고 있습니다.

출산율 감소에 따라 전국의 대학이 지금 당장 10%, 앞으로 10년 이내에 25%가 문을 닫아야 할 지경인데 지역감정과 포퓰리즘의 허깨비에 눈먼 모리배 정치는 새로이 한전공대 설립을 강행하고 건물 한 동, 교수 한 명도 없이 신입생을 뽑는 미친 짓을 하고 있습니다. 10년간 1조 6,000억 원의 돈이 허공에 풀풀 흩뿌려지게 됐습니다. 이 모든 비용 역시 모두 우리의 전기요금 청구서에 반영될 것입니다.

대선을 앞두고 선심성 예산 살포의 고질병이 또 도지는 모양입니다. 재난지원금 30조 원이 다시금 논의되고 있습니다. 국가 공공기관 기업의 채무가 5,000억이 넘는 나라가 되었고 나랏빚이 GDP의 61%가 되었는데도 "외국 빚에 의존하지 않는다면 정부의 적자는 곧 민간의 흑자이고 나랏빚은 곧 민간의 자산이다"라며 고등학생도 고개를 저을 무논리의 말에 조 단위의 돈이 풀풀 흩날리고 있습니다.

이번 대선은 이런 허깨비에 눈먼 모리배와의 싸움입니다.

이런 말 하기 싫지만, 제 돈이면 이렇게 허공에 흩뿌리겠습니까? 이런 말 정말 하기 싫지만, 자기가 땀 흘려 번 돈이면 이렇게 풀풀 날리겠습니까!

탈원전은 현대판 쇄국 정책

탈원전은 한마디로 '매국매족의 미친 짓'이다. 하늘이시여, 어찌하여 대한민국에 이토록 과학에 무지하고 몽매하며, 고집 불통 옹고집인 지도자를 보내셨나이까?

시대의 흐름을 좇지 못한 쇄국(鎖國)으로 나라를 잃고 남의 나라 종살이를 한 지 겨우 100년 조금 더 지났을 뿐이거늘, 어찌자고 또 이런 시련을 주시나이까?

미국과 협력해 원전을 수출하기로 한 정상회담의 잉크가 채 마르기도 전에 산자부 장관은 "신한울 3, 4호기 건설을 재개하지 않겠다. 그러나 소형원자로, SMR 연구개발에는 투자하겠다"는 도통 앞뒤가 맞지 않는 소리를 해댔습니다.

특히 "방사능이 매우 강한 고준위폐기물 처리 문제가 해결되지 않은 상태에서 탈원전 정책의 수정은 없다"라니. 원자력에 몽매한 분을 장관으로 만난 이 나라의 국민으로서 분하고 억울하기 짝이 없습니다. 원자력연구원에 가서 사용 후 핵연료 재처리 기술, 파이로프로세싱이 한미간에 어디까지 검증되었는지 알아보셔야 하지 않겠습니까? 올해까지 처분장 부지를 정하라는 공론화위원회의 권고에도 빗장 친 사람들이 누구입니까? 그 일을 핑계로 신규 건설을 안 하겠다니 '서천의 소가 웃을 일'입니다.

연합뉴스에 따르면 만성적인 전력난을 겪는 이라크가 한국·러시아 등과 함께 원자력발전소 건설을 논의하고 있다고 합니다. 카말 후사인 라티프 이라크 원자력청장은 《블룸버그》와의 인터뷰에서 "한국과 러시아의 정부 당국자, 국영 에너지 기업 관계자와 만나 원자력발전소 건설에 대해 논의했다"고 밝혔습니다. 라티프 청장은 전력난과 사회불안을 해소하기 위해 2030년까지 총 11GW 전력을 생산할 수 있는 원자력발전소 여덟 기를 건설할 계획이라고 말했습니다. 이를 위해 "이라크 내 후보지 20곳을 선정했다. 내년에는 첫 번째 건설 계약

이 이뤄질 것으로 예상한다"고 덧붙이기까지 했습니다. 《블룸버그》는 이라크 원자력발전소 건설사업이 400억 달러(약 44조 6,000억 원) 규모라고 전했습니다.

이렇듯 바이든 대통령과 합의한 해외 원전사업 공동참여가 목전의 현실로 다가와 있습니다. 그런데 더 이상 원전을 짓지 않겠다는 말은 무슨 뜻입니까? 그 말씀이 진심이라면 아랍에미리트에 바라카 원전은 왜 지어주고 한전은 왜 상업 운전을 하고 있으며 약 44조 원에 달하는 이라크 원전 여덟 기의 수주는 포기한다는 뜻입니까?

단국대 원자력융합공학과 문주현 교수님은 이렇게 말씀하십니다.

원전 수출은 발주 및 계약 방식에 따라 원전 수출국과 수입국 간 70년 이상 밀접한 관계가 계속돼야 하는 장기 대형 사업이다. 적기에 건설할 뿐만 아니라, 원전 운전 종료까지 원전 교체부품과 기술서비스 등을 안정적으로 공급해줄 수 있다는 신뢰를 보여주는 것이 매우 중요하다.

(…)

탈원전으로 원전 수주전에서 매우 중요한 국가 신인도를 스스로 깎아내리고 있다. 국내 원전 기자재 공급망 붕괴에 따른 경쟁력 하락도 우려된다. 2018년 《블룸버그》 보고서에 따르면, 원전 건설단가(달러/kW)가 우리나라는 3,717, 중국 4,364, 러시아 5,271, 프랑스 7,809, 미국 11,638이다. 우리나라가 다른 나라 대비 원전 건설단가가 낮은 이유 중 하나는 우리가 자체 보유한 원전 기자재 공급망 때문이다. 국내 원전 기자재 공급망은 대부분 중소기업으로 구성돼 있다.

(…)

우리나라의 원전산업 구조와 수출지원 체계를 2040년까지 수십에서 수백 기의 원전을 수출할 수 있도록 변경할 필요가 있다. (…) 미국·일본·프랑스 등 서방권 국가와 다자간 공급망을 구축하는 것을 검토할 필요가 있다. 아울러 국가 신인도에 부정적 영향을 미치는 탈원전 정책을 즉시 철회하고, 대통령이나 총리가 진두지휘하는 총력 지원 체계로 전환해야 한다.

원전에 소신도, 지식도 없는 분이 장관이라니. 도대체 원전과 원자폭탄도 구별할 줄 모르는 과거의 지도자를 닮은 것은 아닌지요? 그러면서도 소형원자로, SMR에는 왜 미련을 갖는 겁니까?

카이스트의 정용훈 교수님 말씀처럼 산자부는 우리나라에서는 위험해서 짓지 않는 원전을 수출하겠다고 하고, 환경부는 원자력이 그린에너지가 아니라고 구분해대고 있으니 이게 정상이라고 말할 수 있습니까?

왜 당당히 세계에 우리는 앞으로 원전을 더 짓지 않는다. 그러니 원전 건설의 수주와 협력에는 관심이 없다. 우리는 원전 건설에 필요한 제조업 생태계가 다 파괴되었고, 앞으로도 다시 소생할 가능성이 없다고 말하지 않는가요? 탈원전은 안 된다고 싸워야 할 산자부 장관이 앞으로 벌어질 일도 모르면서 이런 사이비적 맹신에 빠져 마치 무당의 굿판처럼 에너지 정책을 결정하고 몰아가니 나라 꼴이 어찌 될지 심히 걱정입니다.

양정철이라는 자가 소득주도성장이나 탈원전, 부동산 정책에서 못 벗어난다면 중도확장은 불가능하다고 말했습니다. 그의 말대로 산자부는 지금 권력 내부에서 무슨 일이 일어나는지도 모르고 탈원전으로 대통령에게 아첨이나 하고 있는 기막힌 상황입니다. 양정철은 그런 분들을 변화맹시(變化盲視)라고 했습니다. 그분들끼리 다 맹시 경쟁을 하고 있나 봅니다만…

이 소중한 기술인 원자력발전의 앞날이 심히 걱정됩니다.

아직 정권교체의 날이 너무 멀리 있습니다.

어제 발표된 보고서가 혹시 정부의 탈원전 정책 때문에 그 내용을 은폐하거나 그 결과를 미룬다면 이것은 중대한 문제로 부상할 것임을 밝혀둔다. 이것은 과학의 영역이며 과학은 정치가 범접하지 못할 진리의 세계이다.

파이로프로세싱은 20년도 넘게 수천억의 혈세가 들어간 기술이다. 또한 십수 년의 한미 공동연구에 엄청난 비용이 들어간 연구결과가 1,000여 페이지로 정리되었음에도 국민에게 아무 보고 하나 없이 넘어간단 말인가? 공무원의 눈치보기식 보신주의와 정치인의 무지와 독선이 빚은, 웃기면서도 슬픈

현실이다. 공무원들이 의도했건 아니건 명백한 직무유기이고 정치인이 과학의 영역을 침범해서 전 국민에게 피해를 주었다면 그것이 직권남용이 아니고 무엇이겠는가.

내가 파악한 바로는 그동안 가장 심각하게 제기되던 문제인 폐핵연료봉 문제가 말끔히 해결되었다. 우리의 독자적인 핵연료 재활용기술인 파이로프로세싱과 소듐냉각고속로(SFR) 원천기술이 세계에서 최초로 확보되었고 미국 원전당국에서 공식 검증된 것이다.

이 기술은 원전의 사용 후 핵연료를 4세대 원전인 SFR에 재활용하기 위한 기술로, 2008년 12월부터 미국 아이다호연구소와 아르곤연구소 그리고 한국 원자력연구원이 지난 10여 년 동안 연구를 진행한 결과를 한미원자력연료공동주기연구(JFCS) 운영위에 보고한 것이다. 이로써 1978년 고리 1호기 가동 이후 40년 이상 원전의 지하 수조에 쌓아두었던 1만 7,500여t의 고준위핵폐기물을 처리할 수 있게 되었다.

이제 탈원전의 근거가 되었던 고준위폐기물의 건식 처리가 가능해졌다는 뜻이고, 수천만 개의 폐연료봉은 다음의 의미들로 거듭난다. 첫째 원자로를 돌리는 자원으로 재활용되는 귀중한 자원으로 거듭났고, 둘째 처분 보관해야 할 부피가 1/20으로 줄어들게 되었으며, 셋째 세계 원자력 시장에 수출할 초격차기술을 확보하게 되었다는 뜻이다.

문재인 대통령과 정부는 이로써 탈원전의 가장 큰 명분인 고준위핵폐기물 처리에 대한 어떠한 설득력도 가질 수 없게 되었다. 지금 월성원전 98.2% 울진 한울 86.9% 고리 83.8% 영광 76.2%의 수조가 폐연료봉으로 가득 차 있다.

우선 정부는 이번 연구결과 보고서를 공개해야 한다. 한미협정을 핑계로 이런 엄청난 성과를 쉬쉬해서는 안 된다. 또 조속히 상용화를 위한 연구를 진행해야 한다. 시대에 뒤떨어진 탈원전에 대한 집착으로 진실을 은폐하고 결정을 미룬다면 이것이야말로 국민에 대한 예의가 아니다.

정치논객으로서
개탄할 정치 상황을 비판한다

"역사는 발전하고 인생은 아름답다."

고(故) 김대중 대통령의 유언이다. 한때는 더없이 아름답게 들리던 이 유언이 지금 와서는 솔직히 확신이 서지 않는다. 역사 중에서도 특히 정치는 정말 발전하는 것인가? 지금의 정치는 내가 겪은 15대 국회부터 소위 '양김' 시대를 거쳐 이명박, 박근혜를 지나 문재인에 이르렀다. 이러는 동안 정치는 승승장구하며 발전했는가?

문재인 대통령의 취임사 중에서 세간에 회자된 구절이 다시금 떠오른다.

"기회는 평등할 것입니다. 과정은 공정할 것입니다. 결과는 정의로울 것입니다."

그러나 지난 4년 동안 이 취임사는 완전히 구겨지고 버려져 이제는 쓰레기통에 처박힌 모양새다. 역사는 명백히 역주행하고 있다. 역지사지하지 못하는 뻔뻔한 우리 정치권의 모습을 두고 '내가 하면 로맨스, 남이 하면 불륜'을 줄여 '내로남불'이라는 보통명사가 생길 정도다. 이 나라 정치를 표현하는 새로운 단어로 '위선'이 자리를 잡았다. 생각 있는 국민들은 지금도 실시간으로 절망 중이다.

지난 4년간 누가 이 나라를 이끌어왔는가?
누가 이 나라의 국민을 이토록 분열시켰는가?
누가 이 나라의 민주주의와 의회주의를 후퇴시켰는가?

징벌적 배상을 강화해 언론의 입에 재갈을 물리겠다는 '언론 재갈법'이 통과를 기다리는 중이고, 공영방송은 균형과 공정성을 잃은 지 오래다. 그동안 피 흘려 싸워 이룩한 민주주의가 후퇴해서 형해화(形骸化)될 운명에 처해 있다. 바람 앞의 등

불도 이보다 위태롭지는 않을 것이다.

삼권분립이 무너지고 의회주의는 왜곡되며 제왕적 대통령의 권한은 강화되었다. 청와대는 비대해지고 정부의 규모는 전례 없이 확대되었다. 사법부의 요직은 국제인권법연구회 등 특정 조직 출신들이 장악했다. 사법부의 권위는 물론 사법정의마저 무너졌다. '민주주의'를 지탱하는 거의 모든 요소가 한없이 핀치로 몰리는 중이다.

선관위의 주요 요직에 문재인 캠프에 참여한 사람을 임명해 선거의 공정성을 훼손하였고 헌법재판소 또한 이념적으로 편향되었다. 모든 인사가 진영논리에 입각해 이루어져 캠코더 인사, 회전문 인사, 낙하산 인사로 공기관에 수백 명의 '요원'이 투입되었다.

누군가는 말한다. 이 잘못되고 편향된 인사를 바로잡는 일에만 앞으로 수십 년의 세월이 걸릴 것이라고. 정부는 물론 공기관에는 잘못된 진영논리에 따라 이루어진 잘못된 인사의 대못이 곳곳에 박혀 있다.

문재인 정부는 운동권의 적통을 잇는 정부이다. 현재 김부겸 총리와 송영길 당대표, 윤호중 원내대표 모두 운동권의 성골이고 대통령 또한 그러하다. 통일부장관, 교육부총리 등을 포함한 많은 국회의원과 장관들이 운동권 출신 일색이다. 참여연대, 경실련, 민변 등 시민단체가 집단적으로 청와대를 포함한 요직에 기용되었다. 민노총은 정권을 지탱하고 오히려 정권 위에 군림하는 무소불위의 권력으로 거듭났다.

정치가 앞뒤 재지 않고 시장에 개입하는 관치가 성행해 시장경제가 위축되고 온갖 규제가 난무하는 정치과잉, 규제과잉의 정권이 되었다. 사회의 양극화가 심화되고 일자리가 크게 줄어들었다. 특히 청년실업률이 크게 늘었으며, 청년들의 체감실업률은 IMF의 좌절을 넘어섰다. 그러면서도 정부의 재정은 코로나 시기를 방패막이 삼아 크게 악화된 재정과 감당하기 어려운 가계부채를 두고도 당당하기 그지없다.

과거 김대중 정권과 노무현 정권 때에도 운동권은 진보정권 인재 충원의 루트였으나, 이토록 막무가내이고 무분별하게 포진한 적은 없었다. 과거 386에서 이제 586이 된 운동권이 정치권으로 도약한 사건 자체는 새로운 도전이고 실험이라 할 만했다. 그러나 그들의 도전과 실험은 완전히 실패했다. 운동권의 전면적 진출이 민주주의의 후퇴를 가져오고 새로운 민주화운동이 요구되는 지경에 다다랐다. 왜 이런 일이 벌어졌을까?

한때 저들의 중추에서 함께 있었던 나는, 이들 586의 철학적 토대에 그 문제의 뿌리가 있지 않나 생각한다. 그들이 운동권에서 배워 몸에 배어 있는 철학적 기초는 급진적 관념론이다. 급진적 관념론은 이들의 선택을 언제나 현실에서 동떨어진 채로 허상을 좇게 하고, 실사구시의 현실적이고 실용적인 판단을 막는다.

어느 정권보다 민주적이라고 주장하지만 결국 민주주의의 후퇴를 불렀다. 소득을 늘리겠다고 기초적인 경제이론에도 어긋나는 '소득주도성장'을 내걸었지만 소득도, 성장률도 뒷걸음치는 역성장 소득 하락의 현실을 초래하였다. 부동산 정책은 부동산 가격의 급등을, 임대차보호법은 전월세 급등을, 일자리 정책은 좋은 일자리의 축소로, 현실을 무시한 탈원전 정책은 전력 부족과 전기료 인상 및 한전의 부실 등 헤아릴 수 없이 많은 문제를 야기했다. 근거 없는 온정주의와 현실을 무시한 '우리민족끼리' 노선으로 북한의 핵무장을 방조하고, 우리 최대의 우방인 미국과의 동맹을 사기그릇처럼 약화시켰다. 세계적으로 외교는 최악의 고립을 자초하였다.

혹자는 이런 586 운동권의 전통이 조선 시대 성리학에 바탕을 두고 있다고 하기도 하고 17세기의 예송논쟁(禮訟論爭)과 맞닿아 있다고도 한다. 내 생각으로도 조선의 성리학과 지금 586은 서로 닮았다. 586 운동권이 좇는 허상은 사변적인 성리학의 관념론과 유사하다. 현실을 있는 그대로 보지 않고 불필요한 논쟁에 얽매여 있다는 점에서 서로 닮았다.

이런 부분이 비슷하다면 물론 다른 점도 있다. 586은 사실 허례허식에 빠져 있던 선비들만도 못하다. 자기성찰의 자세를 가지지도 못했는데, 곧은 지조까지 없다. 우국충정의 마음으로 목숨을 걸고 왕을 비판한, '단성소'를 올린 남명 조식 선생 같은 용기도 없는 것이다. 이기적이고 기득권 챙기기에 바쁜 추악한 모습만을 보여주는 운동권은 역사에 더는 남길 것이 없다. 기껏해야 추태만 남길 것이다. 나를 포함한 운동권 세대는 정치의 뒤안길로 사라질 때가 되었다.

'언더도그마'에 가려져 있던 무능과 무력이 만천하에 까발려지고 말았다. 해먹을 만큼 해먹었고, 누릴 만큼 누렸으니 이제라도 추한 꼴을 보이지 말고 역사에서 퇴장해야 한다. 거대한 악과 싸워 이겼다는 고루한 독선과 오만으로 언제까지 추태를 보일 생각인가.

이들이 사라지고 난 후에 빈자리에는 각계각층에서 올라오는 전문가 집단으로 채우면 된다. 새로운 시대가 열린다. 새 술은 새 부대에 담아야 한다.

실패한 대통령 문재인 보유국

대한민국은 '실패한 대통령 문재인 보유국'이 되었다. 외나무다리를 건너 아무런 성과도 업적도 없이 쓸쓸하게 떠나가는 대통령의 뒷모습을 보게 될 날이 머지않았다. 지금까지는 코로나 위기를 극복한 대통령이라는 실낱같은 성과가 있었으나 코로나 백신 접종 112순위의 불명예만 남기고 무(無)성과의 대통령이 되었다. 아닌가? 그러면 한 가지만 말해보라. 무엇이 문재인의 자손만대 치적이란 말인가! 문재인 대통령은 이제 어떤 반성도 새로운 국정의 변화도 없이 명백하고도 급속한 레임덕으로 빠져들 것이다.

내년 3월 9일 대선의 평가는 연전연승 무적함대 민주당에 힘을 실어준 국민의 기대에 대한 명백하고도 철저한 배신에 대하여 국민의 냉엄한 심판을 받게 될 것이다. 자업자득이다. 누구를 탓하랴! 문재인 보유국의 호위대인 문파들에게 가장 큰 책임이 있다. 거대 여당 민주당 거수기들은 그들을 졸졸 따라다니다가 이제 와서 잘못했다? 반성한다? 구차하다. 차라리 그들과 함께 정치를 마무리하라!

그들은 어떤 근본적인 진단도 처방도 내놓지 못하고 있다. 이 실패의 파급과 부담은 고스란히 국민의 몫이 되었다. 이번 서울, 부산 보궐선거는 문재인 정권에 대한 국민의 심판을 넘어 이 정권을 지탱하는 국민적 신뢰가 완전히 무너졌음을 보여주었다. 이런 상황에서 이들은 국민에게 석고대죄하고 그동안의 과오와 잘못을 완전히 수정하는 국정기조의 대변혁이 요구되었건만, 그들은 그렇게 하지도 않았고 그렇게 할 의지도 용기도 없음이 드러났다.

이번 선거는 한두 가지 정책에 대한 국민의 저항이 아니라 성폭력, 부동산, 세금폭탄, 민주주의, 공정의 가치, 검찰개혁, 코로나 백신과 관련해 보여준 무능, 일자리 문제, 뒷걸음치고 조롱당하는 남북문제, 외교적 미숙과 고립 등 상식에서 이탈한 정치에 대한 경종이었다. 국정 전반, 정치 전반, 경제 전반에 걸친 총체적이고도 근원적인 추락인 것이다. 이 추락에는 날개가 없다.

그러나 더욱 뼈아픈 것은 윤미향, 조국, 김상조, 박주민의 사례에서 보이는 이들의 독선과 독주, 그리고 이 뒤에 웅크리고 있는 집권세력의 위선과 이중성 등 도덕성이 싱크홀처럼 무너져 내려 백약이 무효하다는 점이다.

그 와중에도 민주화운동을 훈장으로 여겨 자신들은 물론이고 그 특권조차 세습하고 대물림하려는 기상천외의 '셀프 입법'이 추진되었다. 문재인 정부의 측근이자 주체세력인 운동권의 완벽하고도 추악한 몰락이다. 그들은 어쩌다 국민으로부터 폐족(廢族)의 유공자가 되었단 말인가! 이러고도 돌아온 것은 질책을 받아들이겠다는 유체이탈 화법의 상투적이고 관례적인 100자 관전평이었다. 청와대의 사태에 대한 안일한 인식과 판단이 놀랍다.

한두 가지의 국면 전환으로 모면할 상황이 아니건만… 오호라, 그들은 실패의 루비콘강을 건너 불행한 대통령의 고난의 길을 또 가고 있다.

이번 민심의 심판은 질책이 아니라 상식을 가진 국민의 문재인 정권과 집권여당에 대한 국민으로서 할 수 있는 최대한의 거부권 행사이자 정치적 탄핵이다. 이들은 국민으로부터 위임된 국민의 기대에서 이탈했고 그들이 벌인 독선과 위선의 굿판에 대해 국민은 고개를 돌리고 떠났다.

뭐 이제 와서 보궐선거에 후보를 내지 말아야 한다고? 아니 그럼, 어느 누구의 화법으로 말한다면 국정파탄은? '내로남불'은 《뉴욕타임스》에 언급되며 만국에서 통용되는 세계적인 보통명사가 되었다. 이 불명예를 어떻게 씻을 것인가? 그러나 이 추락의 절벽 속에서 국민은 분노의 몸짓으로 상식의 반란군을 자발적으로 조직하여 투표장으로 갔다. 이 나라의 국민이 이렇게 시퍼렇게 살아 있는 것이다.

오늘 나는 대한민국 국민으로 살아간다는 것이 자랑스럽다. 이런 사람이 어찌 나쁘이겠는가?

2021.04.22.
대깨문을 멀리하십시오

대통령님, 이제 하산을 준비하셔야 할 때입니다.

대통령님께서는 산을 좋아하시니 등산보다 하산이 더 어렵다는 것을 잘 알고 계시겠지요? 지난 4년 동안 이 나라 안에 너무나 많은 일이 일어났습니다. 사람에 따라서는 깊고 아픈 흉터를 안게 되었습니다. 적폐청산으로 해가 뜨고 적폐청산으로 해가 졌습니다. 시간은 길었습니다. 이러는 동안에 우리가 잊으면 안 되는 단 한 사람이 있다면, 바로 이재수 기무사령관입니다.

그는 세월호 유가족 사찰 의혹을 받아 수갑을 차고 호송차에 오르는 수모를 당한 끝에 스스로 목숨을 끊었습니다. 전장도 아닌 대한민국에서 참 군인의 목숨을 앗아간 그 사건은 적폐청산이 얼마나 무리하고 얼마나 많은 고통과 상처를 남기는 지를 보여주는 사건이라 할 수 있겠습니다. "군인은 말을 하지 않는다"는 그의 유언이 가슴을 칩니다. 지난 몇 년은 수백 명, 아니 수천 명이 수사를 받고 사법처리되는 현대판 '문파사화 (士禍)'였습니다.

　이러니 엄청난 하산의 위험이 도사리고 있습니다. 아무리 생각해도 대통령님이 평안한 마음으로 영축산을 오르내릴 시간이 순순히 다가올 것 같지 않습니다. 지난 불행한 대통령의 길을 따라 하산하지 않기를 바랄 뿐입니다.

　대통령께서는 이런 불행을 막기 위해 제발 대통령의 강력한 지지자인 대깨문의 젖을 떼야 합니다. 그들의 아우성에서 벗어나야 국민의 소리가 들립니다. 문파의 대통령궁에서 나와 국민의 바다로 오십시오. 그분들이 가파른 하산 길의 대통령을 온전히 지켜드릴 수가 없습니다. 그들의 무조건적이고 강렬한 사랑은 이성적 판단을 막고 과학적 접근을 봉쇄하기 때문입니다.

"사람이 먼저다"라는 구호는 허공으로 물방울처럼 사라졌습니다. 공정과 정의는 땅속으로 파묻혀 버렸습니다. 지금 총리와 장관들이 대통령과 마지막 임기를 같이할 순장조가 아닙니다. 국민 이외에 대통령과 처음과 끝을 같이 할 순장조는 없습니다. 지금부터라도 대통령께서 대깨문만 모여 사는 문파 마을에서 기꺼이 내려와 국민 곁으로 오시길 바랍니다.

오로지 문재인 대통령 혼자서 이 일을 감당해야 합니다. 그래서 전직 대통령의 석방과 사면은 그들을 위한 것이기 전에 대통령님의 하산을 가볍게 하는 일이 될 것입니다. 더 늦기 전에 김원웅, 김어준, 기모란, 이성윤 등 다 정을 떼십시오. 그런 분들은 하산에 짐밖에 되지 않습니다. 아무리 봐도 대통령님 곁에는 대통령님의 장세동이 안 보입니다.

화무십일홍을 충분히 체감하는 시간이 다가오고 있습니다. 멱살 잡히는 광복회장, 감사원 감찰을 기다려야 할 최고 연봉의 방송인, 기소될지도 모를 검찰총장 후보, 청문회에 나가야 할 청와대 방역 비서관 등을 싸고도는 모습이 외부의 시선으로는 도무지 납득가지 않습니다. 하지만 이보다도 당신을 가장 외롭게 만들고 가장 비참의 구덩이로 몰아넣을 사람들은 맹목적으로 절대적으로 제 목소리만 내는 문파, '대깨문'입니다.

그들이 몰고 있는 광란의 버스에서 하루라도 빨리 내려오십시오. 그들이 나라를 망가뜨리고 민주주의를 허물고 헌법기관인 국회의원들을 장기판의 졸로 만들었습니다. 닥치고 충성의 단일대오를 만들었습니다. 침묵과 굴종의 문화는 일시적으로는 권력을 지키는 방패가 되겠지만 결국 모두를 수렁으로 밀어 넣는 나쁜 바이러스일 뿐입니다.

그분들이 밀고 온 검찰개혁, 그분들이 세운 조국과 추미애 장관, 그들이 밀어 올린 전국의 알박기 낙하산 인사, 그들이 만든 사법부, 어용 언론도 민심이 썰물처럼 떠나고 나면 다 부질없어지고 부메랑이 될 것입니다. 제발 그 완장을 차고 시시각각으로 문자 폭탄을 날리고 맹목적인 가해와 충성을 바치는 대한민국의 인터넷 홍위병, 문파 대깨문의 젖을 떼십시오.

이들이 대한민국의 정치를 망치고 민주주의를 망치로 깨부수고 있습니다.

가덕도에 가면 가슴이 뛴다고? 지금도 문재인 대통령은 가덕도를 생각하면 가슴이 뛰실까?

부산시장 보궐선거를 41일 앞둔 지난 2월 25일, 문재인 대통령은 어업지도선을 타고 가덕도 서편 바다에 섰다. 그리고는 "가덕도 앞바다에 오니 가슴이 뛴다"라고 말씀하셨다. 재판을 받고 있던 김경수 지사의 가슴 또한 뛰고 있었고 부산 출신 여야 국회의원들의 가슴도 함께 뛰었다.

"신공항 예정지와 메가시티 구상을 들으니 가슴이 뛴다."

고향이 부산인 대통령이 부산 앞바다를 보고 가슴이 뛰고, 이낙연 대표도 뛰고, 배석한 김경수 지사도 뛰고, 이광재 의원도 뛰고, 전해철 장관도 뛰고, 모두가 가슴이 뛰었다고 한다.

그 자리에서 대통령은 주무부서인 국토부 장관에게 '역할의 지'를 강조하셨지. 나는 가덕도에 가본 적이 없다. 그래서 내 가슴은 뛰지 않는다. 대신 지금 가덕도를 생각하면 가슴이 무너져내린다.

솔직히, 이게 나라냐? 우리 수준이 이것밖에 안 되나? 이러고도 이 나라의 정치를 책임지는 정치인이라 할 수 있나? 여야를 떠나 가덕도에 가면 가슴이 뛰는 정치인들이 모여 사는 이 나라가 대한민국의 제2 도시, 메가시티를 꿈꾸는 부산이 맞나? 이 나라 민주주의가 이것밖에 안 되나?

나는 국토부가 낸 보고서에서 지적된 접근성, 안정성, 환경성, 시공성, 운영성, 경제성, 사회적 비용에 대해 구체적으로 잘 모른다. 소요예산이 28조 원이 맞는지 7조 5,000억 원이 맞는지도 알지 못한다. 그러나 이 문제는 가덕도를 가면 가슴이 뛰는, 선거를 앞둔 정치인들이 판단하고 결정할 문제가 아니라는 것만은 안다. 이 문제는 절대로 이대로 결정되고 집행되어서는 안 될 문제이다.

정치는 상식이다. 어떻게 과학의 영역이고 실증의 영역인 공항부지 선정을 특별법으로 결정할 생각을 하는가? 지난 19년 동안이나 끌어온 이 문제가 왜 보궐선거 막바지에 졸속으로 처리될 수 있는가? 국토부가 말한 가덕도처럼 위험한 공항은 세계에 없다는데 세월호 사망자들에게 고맙다며 그토록 안전을 강조하시던 대통령께서 왜 이 문제는 안전을 내팽개치고 졸속으로 처리하는가?

외해이고, 연약지반이고, 부산신항을 출입하는 선박의 높이가 최대 70~80m여서 고도제한 45m에 걸린다는데? 해발 459m인 연대봉과 265m인 국수봉을 깎아야 하는데, 이 국수봉 높이가 수치로 들어서는 감이 잘 안 올 테니, 직관적으로 이해할 수 있게 말하자면 남산만 한데? 이 산을 깎는 데 필요한 비용은 또 어떻게 할지? 해결해야 할 난제가 차마 헤아릴 수 없는데 그냥 넘어가도 되나?

그러니 정말 절망적인 것은 이런 엄청난 결정을 하는데 왜 사전타당성 조사는 축소하고 예비타당성 조사는 면제되어야 하나? 그동안 수많은 토론과 논의를 거쳐 결정된 김해신공항 확장은 어떻게 되는가? 이 특별법을 만든 국회를 소환하고 탄핵해야 한다. 이 모든 절차와 이에 관여한 모든 사람과 기관을 감사해야 한다. 경부고속도로를 놓을 때만 해도 하루에 수십 명이 죽었다고 들었다.

그 고속도로를 놓은 박정희 대통령도, 정주영 회장도 죽었다. 그러나 경부고속도로를 달려 오늘 어린이날 우리는 에버랜드에 간다. 두고 보자. 정치인들의 매표보다, 선거 승리보다, 가덕도 바다는 깊고 바람은 세차다.

어느새 변창흠이 집으로 갔다. 김경수도 부산 앞바다에서 곧 떠날 것이다. 문재인 대통령도 뛰는 가슴을 안고 영축산 영남알프스로 떠나가실 것이다. 모두 가덕도에서 떠난다. 하지만 가덕도는 어디에도 가지 않는다.

그대들이 가슴이 뛴다는 말씀만 부산 앞바다 가덕도 갈매기들과 함께 남아 파도에 실려 갈 것이다. 아주 부끄러운 뒷맛만 남긴 채…

오늘은 희망고문 당하는 날. 문재인 대통령 마지막 회견하시는 날. '늑대소년'이 되시고 '벌거벗은 임금님'이 되셔서 콩으로 메주를 써도 믿지 않을 텐데….

 첫째, 한국 경제는 긴 어둠의 터널을 지나 경제지표가 나아지고 있어 OECD에서도 이러니저러니 하실 테고. 소주성 등 정부 정책의 성과가 지금 나타난 것이라 이러쿵저러쿵하실 테고. 정부는 앞으로 더 열심히 정부 정책을 차질 없이 밀고 가겠다.

 둘째, 백신을 포함한 방역이 차질 없이 준비되고 있고 선도

적으로 집행되어 있어 세계가 부러워하고 11월 집단 방역이 달성될 것이며 더 나아가서 그 시기를 앞당기겠다.

셋째, 남북관계는 지금이 적기이니 북한은 대화로 나오고 북미회담이 이뤄질 수 있도록 미국과 국제사회를 설득하고 남북화해와 평화통일을 위해 노력하겠다.

넷째, 지금 한미관계, 한미일 공조는 전혀 문제가 없으며 이번 한미 정상회담은 한미동맹을 확인하는 계기가 될 것이다.

문재인 대통령은 '자기애'에 빠져 자화자찬을 늘어놓을 것이다. 장관 임용의 어려움을 말씀하시고 국민의 양해를 구할 것이다. 보궐선거 결과를 겸허히 받아들인다고 하시면서 국정기조에는 아무런 변화가 없다는 것을 확인하는 '맹탕 회견'이 될 것이다.

국민은 김오수, 이성윤의 검찰, 임혜숙·박준영의 개각, 장하성·박수현의 소주성 정책에 대한 평가, 울산 선거 재판, 공영방송의 편파성 등 국정을 다 들여다보고 정치인들 머리 위에 앉아 있다.

우리 국민은 문맹이 없고 산전수전, 공중전 다 겪은 백전노장 풍찬노숙의 단군의 후예들이시다. 부동산만은 자신 있다던 발언이 있었다. 그러고는 이 정부 들어 부동산 가격이 82% 뛰었다. 청와대에는 일자리 현황판의 약속이 있었다. 그러고 나서 청년의 체감실업률은 27%로 역대 최고다. K-방역 백신 수급 접종 모두 자신했지만 지금 7%도 진행되지 않았다. 백신 기근 공화국이다.

남북관계, 한반도 비핵화, 등 외교 안보가 A 학점이라는 정의용 외교부 장관의 말씀. 실상은 모두 F 학점이다. 한미동맹이 최고로 위험하다. 그만하자. 그 모든 일이 촛불에서 시작되었다는 최장집 교수의 연구 결과가 나왔다.

처음으로 레거시가 없는, 성찰도 없는, 반성도 없는, 3무 정권이 태어나서 한 번도 경험하지 못한 나라를 만들겠다는 약속만은 지켰다.

어제 제가 올린 대통령의 마지막 기자회견에 대한 저의 예측, 희망고문론은 한 자도 고칠 것이 없어서 아예 돗자리를 깔아야겠습니다. 허허.

　"시대의 흐름에 따라가지 못하는 사람들이 꼰대가 된다"는 말, 꽤 그럴듯하죠? 대통령이 자꾸만 국민에게 웃음거리를 주는 꼰대가 되어가고 있습니다. 누구는 마이웨이라고 하던데 청와대가 혼밥 즐기는 옹고집이 되어갑니다.

　어제 미루고 미루고 미루다 김미리 판사가 휴직을 떠나고 기소한 지 16개월 만에 울산 부정선거 재판이 열렸습니다. 이

재판은 유신 이후, 긴급조치 재판 이후 김명수 대법원장의 살라미 전술로 질질 끌다 정치 시녀 사법부의 종결자들이 정말 마지못해 만든 치욕의 법정입니다. 이 재판은 대통령이 불출석한 헌법재판입니다. 사법부는 이미 반쯤 죽었습니다.

청와대와 대통령의 측근들이 대통령을 대신해서 피의자가 되어 법정에 선 거죠. 변죽만 울리지 말고 법원은 대통령을 법정에 세워 증언하게 해야 사실 확인이 되는 사건인데, 그렇게 하겠습니까? 이런 사조직이 장악한 하나회 사법부가 말입니다.

앞으로 줄줄이 일어날 재판의 전조가 드러난 겁니다. 이제 시작이죠. 서울 중앙지검장이 신청한 수사심의위가 압도적으로 이성윤을 기소해야 한다고 결정했죠? 법무부 장관, 차관, 검찰총장 등도 크고 작은 사건으로 조사를 받아야 한다니 도대체 이게 뭡니까?

공수처가 '공수래공수거'처가 되어 유명무실하더니 조희연 해직교사 특혜채용 의혹 사건을 '2021년 공제 1호' 사건으로 등록했습니다. 권력 비리를 막으려고 그토록 공을 들이더니 '공수처 너마저'가 되고 마는군요.

'검수완박' 하더니 의혹투성이에 의대생 핸드폰을 초동수사

과정에서 수거하지 못해 온 국민을 수사관으로 나서게 하는군요. 검경수사권 독립이 얼마나 준비 없이 이뤄졌나를 보여주는 사건입니다. 누구도 억울한 사람이 없어야죠.

문재인 대통령의 주변 인물들이 하나둘 피의자 피고인이 되어가다가 일몰입니다. 그런데 대통령이 인정한 부동산 문제에 대해 이재명 지사가 그 책임이 공무원에게 있다고 하네요. 원, 자다가 봉창도 유분수고 날아가는 새도 웃겠습니다. 춘향에게 수청 들라는 변 사또는 놔두고 이방을 나무라는 격인데 후보는 되고 싶고, 차별화는 하고 싶고… 이해합니다. 복잡한 마음이겠지요.

역시 어제 핑계의 백미는 인사청문회를 개선해야 한다는 건데 밀수, 불법 부정, 비리 백화점이 드러났는데 능력 출중한 분들이라고? 대통령의 생각이 달나라에 가 계십니다.

"나는 괜찮고 다음 정권부터 바꿔야 한다?"

자상하시기 그지없네요. 그래서 또 30, 31번째 임명 강행하실 것이고, 그 피해는 고스란히 손 놓은 정부의 허송세월로 이어지는 걸 정말 모른다는 겁니까? 입도 아프고 손도 아프니 그만하고 출근해야겠습니다. 오늘도 대한민국은 화창합니다.
2022년 3월 9일이 다가오고 있으니까요.

2021.05.13.
두 남자, 이성윤과 한동훈

이성윤은 어찌 보면 하수인이다. 그에게는 주군이 있다. 그
는 주군의 부정을 덮기 위해서 사용한 방패막이다. 소위 검찰
개악의 도구다. 이성윤은 나쁜 목사님의 틀린 말씀을 따랐고
한동훈은 예수님 말씀을 따랐다. 이성윤을 망친 것의 8할은
그의 선배 대통령과 조국, 추미애와 문파 때문이다. 지금 와서
는 서로 네 탓이라 한다. 주군은 헌법에 없다.

그는 혼자서 한 일이 아니라고, 시켜서 한 일이라고 하고 싶
을 것이다. 김학의 수사 방해도 울산시장 부정선거 사건도 청
와대와 대통령이 원하는 일을 하다 그렇게 되었다고 말하고

정치논객으로서

138

싶을 것이다. 자기가 말을 하면 여럿이 다칠 거라고 하고 싶을 것이다.

이성윤은 사람에 충성했고 한동훈은 조직에 충성했다. 이성윤은 진영에 충성했고 한동훈은 국민에 충성했다. 이성윤은 권력에 충성했고 한동훈은 법에 충성했다. 이성윤은 명예에 충성했고 한동훈은 역사에 충성했다. 두 사람의 차이는 처음은 미약했으나 끝은 창대했다는 점이다.

이성윤의 시대는 가고 한동훈의 시대는 왔다. 이성윤은 기소되어 직무 배제될 운명이고 한동훈은 혐의를 벗고 직무에 복귀할 것이다. 검찰총장이 되기 위해 수사심의위에 심사를 신청한 일은 누추하다. '추풍'이 지나가고 조국도 가고 그대들이 짓밟은 윤석렬은 고난의 동굴에서 내공을 쌓는 중이다. 결국 촛불도 가고 새로운 시대의 봉화가 훨훨 타오르고 있다.

너무 슬퍼하지 마라! 너무 후회하지도 마라! 그대는 그대를 알아준 주군을 위해 최선을 다했다. 그 충정은 역사에 남을 것이다. 경희대 출신, 호남 출신이라는 것이 주군에게 더욱 믿음을 주었고 그대의 주군에게는 탁월한 선택이었을 것이다. 그러나 그것이 독이 될 줄 그때는 미처 몰랐을 것이다.

그대는 밀려오는 권력형 비리를 온몸으로 막았다. 역시 최고의 공은 울산시장 부정선거의 불길이 청와대로 번지지 않도록 주군을 위해 최선을 다했던 것이다. 임종석 비서실장과 조국 수석이 강한 의심을 받으면서도 혐의를 벗도록 최선을 다했다. 위험을 무릅쓰고 꼬리를 잘랐다.

주군과 그들은 입만 열면 개혁을 외치는 무리다. 그대는 그들을 지키기 위해 최선을 다했다. 그 누구도 그대를 탓하지 않을 것이다. 지금 그대 앞에는 토사구팽의 솥과 읍참마속의 칼이 번뜩이고 있다. 그대 주군의 예언대로 그것은 운명이다. 그대들이 어젯밤에 한 일들은 처마 밑 댓돌에 돌도끼로 새겨질 것이다.

질풍노도의 시대. 상식이 무너지고, 법치가 흔들리며, 민주주의가 뒷걸음치던 시절. 그대가 무대에서 맡은 배역은 역할이 끝났다. 이제 추하지 않게 깨끗이 물러나야 한다.

그대의 역할은 반면교사로 끝맺을 것이다.

부처님 오신 날 내 안의 모리배를 생각합니다. 아침에 일어나 사전에서 모리배란 단어의 뜻을 찾아봤습니다. 제가 이재명 지사의 광주민주화운동 유공자에게 월 10만 원씩 지급하겠다는 정책을 '모리배 정치'라고 썼는데 이 말이 적확한 표현인가를 확인하기 위해서였습니다.

모리배란 말의 뜻은 '온갖 수단과 방법을 가리지 않고 자신의 이익만을 꾀하는 사람 또는 무리'랍니다. 나는 오늘 부처님 오신 날에 '내 안의 모리배를 버려야지' 하고 다짐하면서 오늘 제 고향에 있는 공림사로 가고 있습니다. 정치를 하면서 이 나

라의 정치가 모리배의 행태에서 한 치도 벗어나지 못하고 있
다고 생각해 왔습니다. 저를 포함해서 말입니다.

　이번 대선에서도 저는 이 모리배를 가려내고 모리배의 정치
를 몰아내는 것이 정치개혁이고 시대정신이라고 생각합니다.
이번 대선에서 몰아낼 모리배 정치의 핵심은 '포퓰리즘'입니
다. 포퓰리즘은 '민주주의의 적'이고 '모리배 정치의 정점'입니
다. 그것은 범죄입니다.

　나라의 예산과 세금으로 표를 사는 매표행위이고 민주주의
를 왜곡하는 모리배 정치의 전형입니다. 국민이 위임한 권한을
남용해 사적 이익을 취하고 현재의 이익을 위해 미래 세대에게
짐을 지우는 조삼모사의 최면술이자 대국민 사기극입니다.

　저는 어제 광주에 모인 여야 정치인들이 5·18의 정신, 김대
중의 정신을 말하면서 모두가 관심은 표에 가 있어 하나 같이
남의 돈을 가지고 퍼주기 경쟁에 나선 무책임한 모리배의 길
을 가고 있다고 생각합니다. 이러다가 나라의 곳간은 물론 다
음 세대에게 설악산 울산바위를 하나씩 지고 살게 하는 것은
아닌지 걱정이 됩니다.

　민주당 대선 후보들은 놀랍게도 '본좌' 허경영의 문하로 들
어가서 정치를 배웠는지 정세균은 1억 원 통장을, 이낙연은

군 제대 시 사회출발금 3,000만 원을, 이재명은 대학 안 가는 대신 세계여행비 1,000만 원 등을 주겠다고 합니다. 이 돈이 다 자기 돈이면 이렇게 지르고 볼까요? 관대하고 자비롭기까지 합니다. 국민을 어떻게 보기에 이런 정책을 남발할까요? 심지어 5·18을 맞아 광주민주화운동 유공자에게 월 10만 원씩 지급하겠다는 이재명 지사의 정책은 이 모든 것을 능가할 만큼 어처구니가 없습니다.

그는 저의 비판에 "광주민주화운동 유공자에 대한 아주 소액의 생활비 지원을 폄훼하는 것을 보면 진심이 아니라는 의심이 든다"며 "진심이 아닌 표를 얻기 위한 교언영색으로 보여진다. 진짜 반성하고 사과해야 한다"라고 했습니다. 다시 한번 말하지만, 저를 포함한 광주민주화운동 유공자는 이런 돈을 받기 위해 광주민주화운동에 나선 것이 아닙니다. 또 광주민주화운동은 전 국민이 함께한 것이지 특정인의 주도로 이뤄진 운동이 아니었습니다. 이런 동정과 지원이 민주화운동의 순수성을 퇴색시키고 국민의 혐오감을 부른다는 걸 모르는가 봅니다. 혹은 다른 꿍꿍이가 있거나요.

이런 정치가 '온갖 수단과 방법을 가리지 않고 자신의 이익만을 꾀하는' 정치, 모리배 정치가 아니면 무엇에 모리배란 이름을 붙일 수 있겠습니까? 광주는 특정 정당, 특정 지역, 특정 정치인의 전유물이 아닙니다. 우리나라 민주주의의 문화유산이고 역사이며 그래서 소중히 간직해야 합니다. 제발 우리의 소중한 가치인 민주주의와 정의의 5·18 정신에 모리배 정치의 오물을 뿌리지 마시기를 간절히 빕니다.

나는 젊은 시절 이런 꿈을 꾸었고 저의 시집 제목이기도 한 《지난날의 꿈이 나를 밀어 간다》는 말은 아직도 유효합니다. 이런 생각을 딛고 저는 '꼰대 정치'와 '모리배 정치'를 생각하게 되었습니다. 제 안의 꼰대를 바라보니 변절자가 되지 않을 수 없었습니다.

폴리티션이 몇 년을 내다보고 정치를 한다면
스테이츠맨은 다음 세기를 보고 정치를 한다.
폴리티션이 다음 선거를 보고 정치를 한다면
스테이츠맨은 다음 세대를 보고 정치를 한다.

멀리 보고 모두를 생각하는 정치인, 스테이츠맨이 아니라, 당장의 선거와 이익에 따라 움직이는 협잡꾼, 폴리티션을 모리배라 부르기로 하였습니다. 그리고 우선 급한 대로 포퓰리즘을 경계하고 비판하는 일을 당면한 목표로 삼았습니다. 우선 내 안에 모리배 정치는 없는가? 그런 의미에서 저는 내 유공자증을 내어놓고 남발되는 '유공자 포퓰리즘'과 싸우고 있습니다. 누가 말하더군요. "유공자가 이리 많은데 왜 나라가 이 모양인가?" 잘못하면 민주화 유공자가 지탄의 대상이 될 수도 있고, 이 사태의 원흉은 이재명처럼 돈을 흩뿌리는 유공자 포퓰리스트, 모리배들일 겁니다.

제가 묻겠습니다. 그 돈이 누구의 돈입니까? 젊은 세대들이 머리에 울산바위처럼 지고 가야 할 빚입니다. 젊은 세대들에게 한 번이라도 물어보고 돈을 뿌리는 겁니까? 양해를 해주신다면 저 변절자 김영환의 안간힘을 조금 더 지켜봐 주십시오.

이번 5월의 회담은 '생색'과 '변죽'과 '모순'을 드러낸 외화내 빈(外華內貧)의 속 빈 강정이었다.

한미 두 정상이 '그 여름의 찻집'에서 만났다. 노랫말처럼 '아름다운 죄 사랑 때문에' 그동안 중국과 미국 사이에서 오락가락하던 우리 외교는 결국 '게도 구럭도 다 놓친' 결과를 낳았다.

미국 쪽에서 보면 중국몽에 빠진 동맹국의 대통령이자 북한의 비핵화에도 크게 관심 없어 보이는, '우리민족끼리'의 대통령을 맞은 셈이다. 미국은 자국의 이해를 철저히 관철한 회담이었다. 바이든은 바람난 아내를 대하듯 우리 대통령을 맞았다. 노련하고 치밀했다.

두 정상은 한 번의 만남으로 그동안의 앙금을 털어낼 수 없었다. 미국은 문재인 대통령이 지난달 아시아지역경제포럼, 보아오포럼에서 영상 메시지로 한 말을 기억하고 있었을 테니까. 그 의도는 구체적으로 파악할 수 없다만, 아무튼 일대일로를 칭송하고 중국몽을 추켜세우기 급급하지 않았던가.

외교안보특보인 문정인 교수께서 북한의 인권 문제를 거론해서는 안 된다고 친절하게 안내까지 하는 나라, 집권당의 대표가 인권법을 비판하면서 미국은 문제가 많은 2등 민주주의의 나라라고 폄훼하는 나라.

백악관에도 탁현민이 있었다.

1950년, 청천강 205고지에서 인해전술의 중공군과 목숨을 걸고 싸운 94세의 랄프 퍼켓 예비역 대령에게 명예훈장을 수여했다. 북한군과 싸운 노병이 아닌 중공군과 싸운 노병을 선택하고 배치하는 섬세함을 보였다.

문재인 대통령은 옆에 노병을 세워둔 채 누가 누구를 위해 무엇을 위해 싸우고 죽어갔는가를 웅변하고 있었다. 두 정상은 그 앞에 한쪽 무릎을 꿇었다. 한국의 탁현민도 화답했다.

1950년 흥남부두에서 철수하는 피란민 무리 속에 대한민국 대통령 문재인이 있었노라고.

그러나 이제는 이 이야기도 너무 여러 번 들어 닳고 닳은 레퍼토리가 되었다. 한미동맹은 이제 그 여름 이른 아침의 그 찻집에서 한 잔의 차로 완전히 복원되었는가? 우리의 안보는 이제 철통같아지고 혈맹은 다시금 굳건해졌는가? 허전하고 공허하다. 웃고 있어도 눈물이 난다.

이번 회담은 우리 측에서 보자면 중국과 미국 사이에서 곡예 줄타기를 하는 것 같았다. 그러면서도 실익이라고는 하나도 없는 속 빈 강정 같은 회담이었다. 한미 대통령이 서로 악수 한 번 한다고 급작스레 평화가 생기는 것이 아니다.

북핵을 머리에 이고 살고 있고 대륙간탄도미사일(ICBM)과 잠수함발사탄도미사일(SLBM)의 위협을 보아온지라 사정거리 1,000km의 미사일 사정거리를 확보한들 무엇이 달라질까?

싱가포르 선언과 판문점 선언을 인정한다 해도 김정은이 비핵화에 나서지 않으면 바이든은 김정은을 만나지 않겠다고 선언했다. 비핵화 없이는 결국 모두 공염불이 된 것이다.

우리 기업들은 삼성의 200억 달러를 포함해 SK와 현대차 등이 44조 원의 투자를 약속했고 일으켜 세워져 박수를 받았다.

우리는 반도체, 배터리 등을 투자하고 백신을 얻으려 했다. 하지만 기대했던 백신 스와프는 언급도 되지도 않았다. 그저 함께 훈련할 미군을 걱정하며 혹시나 한국군에게서 코로나가 옮지 않을까 걱정해 적선하듯 55만 명분의 얀센 백신을 얻었을 뿐이다. 이에 반해 일본의 스가 총리는 4월 16일에 바이든을 만나 화이자 백신 1,000만 회분을 확보하는 데 성공했다.

1,000 대 55

이 수치가 지금 미국이 일본과 한국을 대하는 온도의 차이다. 속된 말로 백신의 질까지 고려한다면 저 수치도 한국에 후하디후하게 쳐준 점수다. 그 사이에 쿼드가 있다.

미국은 통 크게 미사일 주권도 돌려준겠다고 했다. 이미 800km 사정거리를 확보하여 북한 전역이 사정거리 안에 있는 상황이었는데, 이번 미사일 주권은 오히려 중국과 러시아를 자극할 수도 있는 조치인 것이다.

도대체 러시아, 일본, 중국, 북한에 둘러싸인 비대칭 안보 상황에서 국가안보에 기별이 가기는커녕 그들의 화만 돋울 일이다. 누누이 강조하지만, 정치 외교력을 차라리 군 작전권 반환이나 원자력 주권 확보에 쓰는 것이 낫지 않나?

　우리가 북한과 중국의 눈치를 살펴서 매달린 싱가포르 선언이나 판문점 선언의 인정은 실질적으로 어떤 성과라고도 할 수 없다. 그저 우리의 체면은 살려주지만 "북한이 비핵화에 나오지 않는다면 김정은을 만나지 않겠다"라는 기존 입장의 재확인에 불과한 것이다.

　원전사업 공동 참여를 포함해 해외 원전시장에서 협력을 강화하고 최고 수준의 원자력 안전, 안보, 비확산을 유지하기로 했다. 팩트 시트에서는 원전 공급망을 구성해서 해외 원전에 공동참여하기로 하였다.

　국내에서는 탈원전하겠다면서 해외에는 원전을 팔겠다니, 이게 정말 가능한 일이라고 생각하는가? 국내는 탈원전, 해외 가서는 원전 르네상스? 구차하다. 외국에서 코웃음 친다. 우리는 버리는 중에 당신들에게는 권한다고? 우리는 탈원전, 외국에는 원전 수출? 이제는 제발 탈원전 정책을 포기할 때가 되었다. 아니면 정상회담 합의문을 폐기하거나. 탈원전은 시대에 뒤떨어진 쇄국의 논리이고 그래서 미친 짓이다. 그것이 또 확인된 것뿐이다.

결국 이번 한미 정상회담은 중국과 미국 사이에서 전략적 모호성이라는 명분으로 요리조리 빠져 다니던 우리 정부가 대만 해협을 말하고 인도 태평양의 평화를 언급했으나, 실제로 손에 받아든 것은 없는 외화내빈의 속 빈 강정의 협상이 되고 말았다.

국격이 뿜뿜? 국격은 어디에서 오는가!

문재인 대통령이 전향했습니다. 그동안의 친중, 친북 노선에서 한미동맹으로 한 발짝 돌아선 것은 늦었지만 신선합니다. 오랜만에 정신이 돌아온 듯합니다. 이재명의 최측근인 어느 의원은 저의 행동을 '변절자의 안간힘'이라 말씀하셨는데, 그 말을 고스란히 돌려드려도 아깝지 않겠습니다.

그동안 한반도 운전자로 임했던 한반도 평화 프로세스에서 탈출해 '변절자가 되어 안간힘'을 쓰시는 것 맞죠? 저는 진심으로 대통령과 정부의 '위대한 변절'을 국민과 더불어 높게 평가합니다. 제가 불충하게도 바이든이 우리 대통령을 '바람난 아내'를 대하듯 했다는 표현을 쓴 데 대해 정중히 사과드립니다. 다른 적절한 모국어가 없어서였습니다. '바람난 남편'도 고민해보았지만 말맛이 없어 포기했다는 부언은 굳이 남겨두겠습니다.

　참으로 오랜 시간 외도를 했습니다. 그 시작은 2018년 2월 9일 평창에서였습니다. 문재인 대통령께서는 "평창 이후 찾아올 봄을 기다린다"고 말했습니다. 그러나 북한의 김정은은 "머지않아 조선민주주의인민공화국이 보유하게 될 새로운 전략무기를 목격하게 될 것이다"라고 찬물을 끼얹었었죠. 물론 여태의 행보를 보면 그리 놀랍지는 않은 말이었습니다.

　그 후 우리가 세 차례의 남북회담과 두 차례의 북미회담을 하는 동안 북한은 우리 대통령을 두고서 "앵무새", "삶은 소대가리", "겁먹은 개", "특등 머저리"라고 부르면서 우리 대통령을 모욕했지만 무서운 인내심을 보였습니다. 아니, 이걸 인내심이라 부를 수 있을지는 잘 모르겠지만요. 하지만 결국에는 '순정을 다 바쳐서 믿고 또 믿었건만 결국 사랑해선 안 될 사람'이 되고 말았습니다. 이 점에 대해서도 사과도 용서도 절차도 없이 자기 자신만 느닷없이 전향하고 변절하는 것이 어디 있습니까? 국민도 지지자도 함께 전향할 수 있도록 배려했어 야 했습니다.

문재인 대통령이 그토록 아끼는 판문점과 싱가포르 회담은 우리가 이생에서는 다시 볼 수 없는 기막힌 한편의 리얼리티 쇼, '트루먼 쇼'이자 전 세계인을 상대로 펼친 대사기극이었습니다. 우리의 중국에 대한 연모와 북한에 대한 연민은 전 세계가 혀를 찰 만큼의 순애보였으나, 결국 그 끝은 어김없이 핵폭탄과 미사일로 우리 머리 위로 돌아왔습니다.

누구 말대로 "빛나는 꿈을 꾸었으나 깨어나니 기억나지 않아 허망하다"라는 심정입니다. 일장춘몽이라고 하죠. 쇼가 끝이 났으니 한번 불러봅니다. 박인희의 '세월이 가면'입니다.

지금 그 사람 이름은 잊었지만, 그 눈동자 입술은 내 가슴에 있네.

사랑은 가고 옛날은 남는 것. 여름날 호숫가 도보 다리 공원 그 벤치 위에 낙엽은 떨어지고

나뭇잎은 흙이 되고 나뭇잎에 덮여서 우리들 사랑이 사라진다 해도 내 서늘한 가슴에 있네.

문재인의 외교, 대북정책 멘토인 문정인 교수는 회담이 있던 그즈음 '2021 DMZ 포럼'에서 2019년 하노이 정상회담 이후의 교착상태에 빠진 '차가운 평화'의 시기에 초월적 외교를 펼쳐야 한다면서 북한 인권 문제와 북핵 문제에 융통성을 발휘해야 한다고 했습니다.

아직 전향할 의사도, 의지도 없는 이들은 비핵화가 전혀 진행되지 않은 상태에서도 북한에 대한 경제제재를 풀고, 북미 정상이 대화해야 하며, 북한을 자극하는 인권 문제를 제기해서는 안 된다고 생각하죠. 찬찬히 글로만 읽어봐도 이상하지 않습니까? 그들이 말하는 스냅백(snapback)의 스텝이 첫 단추부터 꼬여 있는 셈이죠.

'차가운 평화'라는, 처음 들어보는 한국말이 있습니다. 그들이 말한 대로 남북문제가 꼬인 것은 김정은이 절대 핵을 포기하지 않는다는, 삼척동자도 아는 사실을 애써 외면한 '미필적 착각' 때문입니다.

기독교 신학자들은 '죄란 무엇인가'에 대해 수천 년 동안 논쟁을 벌여 왔습니다. 성경을 보면 구약시대에는 '십계명'을 어기는 것이 죄였습니다. 이 규율이 신약에 와서는 '적극적으로 이웃을 사랑하지 않는 행위'까지 확장되었습니다.

그러나 저는 대한민국의 정치에서 최대의 죄악은 그 바탕에 '자화자찬', 즉 '자뻑'이 자리 잡고 있다는 것을 깨닫게 되었습니다. 자뻑은 회개하지 않습니다. '자찬'은 반성하지도 않습니다. 자화자찬에는 용서도 없고 관용도 없으며 경청은 더더욱 없습니다.

이번 한미 정상회담을 두고 민주당에서는 '국격이 뿜뿜'이고 어느 의원은 "뭣이 중헌디?"라며 방미 성과는 "야당이 세 치 혀로 덮을 수 없을 만큼 넓고 크다"라고 했으니 모처럼 기염을 토하는 중입니다. 이 정도면 자화자찬의 백미라 부르기 전혀 모자람 없죠? 부러우면 지는 것이라고들 하는데 부럽기는커녕 불쌍할 따름이니 이분들은 지난 가을 자기들이 벌인 일방적인 짝사랑의 대가가 얼마나 큰지도 모르고 있다고 할 수밖에 없겠습니다.

이 모든 일이 대통령의 표현대로 최고, 최대의 업적이 되려면 북한이 비핵화에 대해 진일보한 내용을 내놓아야 합니다. 어쩌면 그보다도 중요하다 할 수 있는 백신도 얻어와야 하고요. 지금 당장 전 국민이 숨도 마음대로 못 쉬고 있는데 백신 동맹 뿜뿜이라 떠드는 꼴은 "소는 잃었으니 이제 외양간이나

고쳐보자"고 말하는 격입니다.

국격이 높아졌다고요? 국격은 누가 높였나요? 서정주 시인이 "내 시의 8할은 고향의 바람에서 왔다"고 했죠. 구태여 미국에 투자하기로 한 44조 원을 들먹이지 않아도 국격의 8할은 기업인들에게서 왔습니다. 나머지는 국민에게서 왔죠. 정치인들은 언제나 그렇게 값 오른 국격을 헐값에 팔아넘기기만 했고요.

기업인을 핍박하고 규제하고 잡아넣고 범죄자로 몰고 하다가 이제 와서 함께 박수를 받겠다고요? 원자력 기술을 폐기하려 하더니 이제 와서 미국이 원하니 원전을 수출하자고요? 이재용은 잡아넣으면서 반도체는 팔고, 탈원전하자면서 해외에 원전은 수출하겠다고요? 원, 뻔뻔한 건지 무지한 건지. 무지에 용기에 아니, 무지의 용기에 옹고집에 자뻑까지 덕지덕지 붙어 있습니다.

나라를 구하려고 기업이 44조 원이나 대신 투자하겠다고 약속을 하는데, 정부가 실제로 한 일은 뭔가요? 재 뿌리고 망신준 것 말고 이야기해봅시다. 언제 한번 이분들 얘기라도 들어준 적 있나요? 문재인 정권의 공적 가로채기는 가히 세계 챔피언입니다. 우리가 지난 가을 지극정성을 들인 중국의 외교부는 이렇게 이야기했죠. "불장난하지 마라"고요. 북한이 또 우리 대통령을 어떤 동물에 빗댈지 모르니 조금씩 서서히 간이라도 봤더라면 낫지 않았을까요.

다시 한번 말하거니와 문재인 대통령의 현실인식과 한미동맹에 대한 전향적인 자세를 환영합니다. 반갑습니다. 그러나 왜 전향했는지 그 전향의 변은 한번 들어봐야 하지 않겠습니까? 지난날은 무엇이 잘못되었는지? 지금은 얼마만큼 바뀌었는지? 국민께 소상히 보고해야 할 의무가 있습니다.

무엇보다 북에 대해 어떻게 생각이 달라진 것인지 밝혀져야 미국의 바이든 '브로(bro)'의 신뢰가 생길 겁니다. 지금은 국민도, 바이든도, 김정은도, 시진핑도, 문재인과 민주당의 전향을 물끄러미 바라볼 뿐입니다. 그래도, 곧 안개가 걷히겠지요?

혼자 읽기 아까운 동화를 아침에 읽었습니다. 이하는 후기들 입니다.

정세균 전 총리는 전 국민에게 50만 원씩 일괄적으로 나눠 주자는 이재명 지사의 기본소득안이 "필요하지도, 바람직하지도, 지속가능하지도 않은 정책"이고 "동화 속에나 있을 법한 정책"이라고 했다. 동감이다. 그런데 동화 속에나 있을 법한 일들이 어디 한두 가지인가? '내가 돌았나, 세상이 돌았나?' 하며 귀를 의심한 적이 한두 번이 아니다. 문재인 대통령과 민주당은 전 국민을 돌게 한다. 아니면 그들이 돌았든가.

　서울중앙지검 공공수사1부가 최재형 감사원장을 수사한다고 한다. 채희봉 전 청와대 산업정책비서관, 백운규 전 산업통상자원부 장관의 기소는 뭉개면서 최재형 감사원장에 대한 노골적인 보복에 나섰다. 국민을 완전 개돼지로 보지 않고서야 어찌 백주대낮에 이런 일을 할까? 도둑들이 포청천을 처벌하려는 그림이니 이 또한 어찌 현실의 일이라 할 수 있겠는가, 다시 봐도 부조리극이라고밖에 설명이 안 된다.

　월성원전 수사는 정권이 바뀌면 다시 해야 한다. 몸통이 아직 밝혀지지 않았고 경제성 평가 서류 조작 사건이 아니라 월성원전 압력관을 7,000억 들여 교체해서 10년 승인을 받고도 폐기한 예산 낭비, 국정농단 사건이다. 아직 꼬리도 안 밟힌 사건이다.

　다시 '조국의 시간'이다. 다만 관객이 없는 텅 빈 무대로 돌아왔을 뿐인데. 그의 말대로 위리안치(圍籬安置)된 극수(棘囚)인데. 그를 대하는 민주당 지도부의 태도는 마치 엘바섬에서 탈주한 나폴레옹을 대하는 듯하다. 차마 그들의 '조국 찬가'를 혼자 듣고 있을 수가 없다. 다들 동판에 한마디씩 새기라.

그래, 조국이 민주당이다. 지금 그의 삶이 베스트셀러가 되었으니 그를 대통령 후보로 옹립할지어다. 이낙연 전 대표 왈, "참으로 가슴 아프고 미안하다" 정세균 전 총리 왈, "마음이 아리다", 정청래 의원 왈, "조국이 흘린 피를 잊어서는 안 된다", 추미애 전 장관 왈, "촛불시민 개혁사" 그리고 무엇보다 조국 본인 왈, "가족의 피에 펜을 찍어 써 내려간 심정"이란다. 이런 분들과 함께 공정과 상식을 논하며 살아야 하는 시대인 것이 슬프다. 동화 한 편을 추가한다.

문재인 대통령이 바이든 대통령에게 "바이든 대통령님, 감사합니다"라고 트윗했다. 뭐가 감사하다는 말인지? 44조 투자를 약속했으면 바이든이 감사할 일이 아닌지? 그것을 국내에 투자했으면 젊은이들 일자리 10만 개는 만들었을 텐데. 쓴 돈은 둘째로 하고, 당장 백신을 100만 개로 늘려주셔서 감사하다는 것인가? 정작 문 대통령이 감사해야 할 분들은 우리나라 기업인들이다. 그 가운데 감옥에 계신 분도 계시고.

원전 해외 진출을 결정하셨으면 즉각 신한울 3, 4호기 건설을 지시하고 탈원전 정책을 폐기해야 하지 않겠나? 해외에 가서는 우리 원전이 안전하고 우수하다고 자화자찬의 일장연설

을 하실 거면서 국내에서는 위험하니 다 없애자? 이거 동화에
나 나올 얘기 아닌가?

지금까지 이준석이 돌풍이다. 아마 김대중, 김영삼 당시
40대 기수론이 등장한 후 최고, 최초의 세대교체 혁명이라 할
수 있겠다. 야당 전당대회가 국민의 관심을 모으고 꼰대 정당,
기득권 정당의 이미지를 한꺼번에 벗어버리니 어안이 벙벙할
것이다. 야당은 영문도 모르고 싱글벙글 미소가 차오른다. 그
러나 김수영의 시에 나오는 말처럼, 혁명은 반드시 피를 마시
고 자란다. 지금부터 조심해야 한다. 아직 대표 경선이 끝나지
않았는데 벌써부터 자신이 제갈량 되어 금랑묘계(錦囊妙計)를
빗대 장모, 아내 문제가 불거지면 "해법 달린 비단 주머니를
주겠다" 하면 주머니를 받는 윤석열은 기분 좋을까? 조심해야
한다. 누가 봐도 교만해 보일 그림이다.
벌써 윤석열을 하늘까지 치받들었다가 땅 아래로 묻으려는
움직임들이 왔다 갔다 한다. 조심하시길. 지금 윤 후보를 띄우
는 분들 가운데 반 이상은 실수를 기다리는 분들이고 덫을 놓
고 있는 이들이다.

이번 대표는 대선후보를 뽑는 역할이 아닌, 대선을 관리하고 지원할 관리인을 뽑는 자리이다. 자신이 주인공이 될 수 없는 배역이란 말이다. 기껏해야 좋은 말로 '킹메이커'다. 이 역할에 충실해야 한다. 실수가 있어서는 안 된다. 모처럼 야당에 찾아온 이 엄청난 기회를 키워야 한다. 놓치면 안 되는 기회다.

해수부공무원 피격사건의 진상규명 필요

문재인 대통령께서는 4일 오후 국정원을 방문하시고 국정
원이 그동안 국내정치에서 손을 떼고 국민의 국정원으로 다시
태어난 것을 치하했습니다. 그에 앞서 국정원 청사 내 '이름
없는 별' 조형물 앞에서 묵념했습니다. 그는 국정원이 세월호
와 5·18 민주화운동 진상규명을 위해서도 힘써달라고 당부하
셨습니다.

물론 중요한 당부들이지만, 대통령께서는 이런 지시에 앞서
2020년 9월 22일, 북한군이 서해 최북단 해상에서 어업 지도
중이던 해수부 공무원을 쏴 죽이고 시신을 소각한 사건을 먼

저 규명해야 하지 않겠습니까? 국정원이 이 일에 나서야 한다고 지시해야 하지 않겠습니까?

어찌하여 수년이 지난 세월호와 수십 년이 지난 5·18의 진상은 해결하라고 하면서 이 사건은 망각의 강으로 흘려보내는 겁니까? 사건에 따라 국민의 목숨값이 다르게 느껴지십니까?

그해 10월, 해수부 공무원의 고등학생 아들이 문재인 대통령께 "아빠가 잔인하게 죽임을 당했을 때 이 나라는 무엇을 하고 있었는가?"라고 물었고 당신께서 "직접 챙기겠다" 약속하셨습니다. 그래서, 그동안 무엇을 챙기셨습니까?

국정원이 국내정치에서 손을 떼고 대북활동에 전념하고 국민을 위한 정보기관으로 태어났다고 자축하기에 앞서 피살 공무원의 아들과 8살짜리 딸, 그리고 치매 걸린 노모에게 '이름 없는 별'의 억울한 죽음에 대해 설명해야만 합니다.

2019년 11월에도 동해상에서 탈북한 선원 두 명에게 안대를 씌워 강제 북송했죠. 그들은 그 이후 처형된 것으로 보도되었습니다. 도대체 법치국가인 대한민국에서 법과 절차도 없이 이런 반인륜적인 일을 벌일 수 있단 말입니까? 이것이 대한민국의 민주주의와 인권의 수준입니까? 이 문제를 자의적, 불법적으로 처리한 일에 국정원은 아무 책임도 없습니까?

여기에도 이 정권의 북한 정권에 대한 정치적 판단이 개입되었습니다. 왜 정치적 중립을 지키는 국정원이 대공문제에 북한의 눈치나 보고 쭈뼛거리는 겁니까? 국정원이 국내정치에서 완전히 손을 떼고 대공업무에 집중하고 있다는 박지원 국정원장의 보고가 있었습니다. 그런데 이렇듯 대공업무가 북한의 눈치를 보는 데 급급한 꼴입니다. 이것이 정치개입이 아니면 무엇을 두고 개입이라 부르겠습니까? 새로운 정치적 중립 위반 사례입니다.

이렇듯 세월호 진상규명, 5·18 진상규명과 해수부 공무원 피살 사건 사이에는 명백한 정치적 판단이 개입되어 있습니다. 내숭 떨면서 그냥 넘어갈 문제가 아닙니다. 이것이야말로 국정원이 정치에서 손을 완전히 떼지 않고 정치권의 그늘 하에 있다는 방증이자 사례입니다.

대북임무, 남북문제를 예단하고 자의적 판단이 강한 분들은 냉정하고 객관적이어야 할 대공업무를 왜곡할 수도 있습니다. 왜 가장 정치적일 수밖에 없는 분을 가장 탈 정치적이어야 할 자리에 앉히는 겁니까?

그날 배석한 김경협 정보위원장, 정해구 전 국정원개혁추진

위원장, 박지원 국정원장 등은 모두가 대공업무의 중립을 담보하기 어려운 분들입니다. 정치가 인사에 묻어 그 냄새가 전국에 퍼지고 있습니다. 이 사건은 정권이 교체되고 나면 꼭 진상규명이 필요한 사건입니다. 그때까지 고인을 이름 없는 별에 잘 모셔둡시다.

전대미문의 정치 비판

　제가 살아가는 목적은 전대미문의 벽을 깨고 전인미답의 길을 가는 것입니다.

　제가 하는 일은 모두 전대미문이어야 한다고 믿습니다. 저의 시는 한편 한편이 다 전인미답이고 전대미문이어야 합니다. 그래서 저는 위원장님께서 와보신 북촌 한옥마을 입구에 최초의 한옥 치과를 만들었습니다. 제가 쓰는 시, 제가 쓰는 글, 제가 만든 정책 모두 다 '세상에 하나밖에 없는' 전대미문이어야 한다고 생각하고 있습니다.

　치대생이 유신의 감옥에 간 것도, 치과의사 출신이 야당의 대변인이 되고 정책위의장이 되고 최연소 과학기술부 장관이 된 것도, 충북 출신이 경기도 안산에서 네 번이나 당선된 것도, 불의한 친노 친문과 17년 동안이나 싸우다가 쫓기고 낙선하고 국민의힘까지 오게 된 것도, 아이러니하게도 그 낙선 경력 때문에 지역위원장에서 쫓겨난 것도, 광주민주화운동 유공자증을 반납한 것도 다 전대미문입니다. 저는 전대미문을 좋아하고 숭배하며 저의 남은 인생 또한 전대미문으로 마무리되길 기꺼이 원합니다.

다시 돌아와, 윤석열은 이 전대미문을 이미 깨고 있습니다. 한낱 검사 출신인 그가 이미 민주당의 오만불손한 20년 대세론을 깨고 정권교체의 고지가 바라보이는 능선 위에 서 있습니다. 국민이 그냥 무지해서 그를 지지하는 것이 아닙니다.

"국민들은 다 계획이 있습니다."

그만이 홀로 문재인, 조국, 추미애, 이성윤과의 외로운 싸움을 견디고 버텼습니다. 그는 이미 김종인 위원장의 멘토링이나 저 같은 사람의 도움 없이 정권교체를 이루고도 남습니다.

제가 말씀드리지요. 지금의 정세가 전대미문입니다. 우선 지금의 윤석열은 문재인과 민주당이 만들었고 문재인과 민주당이 윤석열 대통령 시대를 열어젖힐 것입니다. 김종인 비대위원장이나 저 같은 미생보다 몇백 배 큰 우군이 문재인 대통령입니다. 그분은 그 엄청난 전대미문의 실정과 국정파탄으로 30대의 이준석을 당대표로 만들고, 나아가 감옥의 박근혜 전 대통령을 부활시킬 것입니다. 그 하수인들이 벌이는 이 '상식의 파탄과 몰락의 드라마'는 벌써 대한민국 왕조실록에 세계기록문화유산으로 차곡차곡 쌓이고 있습니다.

다음 세대의 〈기생충〉과 〈미나리〉의 소재가 될 것이고 BTS의 노래가 될 겁니다. 요즘 아이들의 말로 "이게 머선 129(이게 무슨 일이고?)"가 따라붙겠지만요. 《조국의 시간》이 그것이고, 추미애도 아마 자기만의 시간이 있을 것이고 조폭만도 못한 논공행상의 검찰 인사를 단행하는 박범계의 '범상치 않은 계략'도 그러하고요. 최고의 금자탑이죠. 다음 세대의 예술을 위해 나라를 바쳐 이바지해주시니 황송하기 이를 데가 없다고 해야겠습니다.

"정치는 허업이다" 노년의 김종필 전 총리가 말씀하셨다. "정치하지 마라" 생전의 노무현 전 대통령이 말씀하셨다. 정치가 사람을 살리기는커녕 망가뜨리는 모습을 셀 수 없이 지켜봤다. '나는 예외일 거야' 하고 다짐하지만, 뼈도 못 추린 사람이 어디 한둘이랴!

제일 아쉬운 분은 장하성 교수와 김상조 교수다. 이분들은 결국 허업을 마치고 학교로 돌아가서 무엇을 가르치실까? "소득주도성장은 그래도 옳다"고 가르치실까? 조국 전 장관도 너무나 아쉽다. 차라리 법무부 장관을 하지 않았더라면 조국의 시간을 갖지 않아도 되었을 텐데.

추미애 장관 또한 법무부 장관에 가지 말아야 했다. 처음부터 '살아 있는 권력의 수사'를 막고 윤석열을 죽여야만 하는 자리였거늘. 이성윤 고검장은 과연 영전의 기쁨을 얼마나 더 누릴 수 있을까? 기껏해야 9개월 정도? 이 정권에서 피의자 고검장으로 영전한들 무슨 큰 영광이 있을까?

곡학아세(曲學阿世), 학문을 굽혀 세상에 아첨한다는 뜻이다. 이들은 자신들의 입신양명이 곡학이 아니라고 떳떳하게 말할 수 있을까?

명색이 시인이고 글줄 꽤 읽었고 나름 글을 쓰기까지 하는 내가 아무리 생각해도 이해가 가지 않는 글은 흑석 김의겸 선생의 글이다. 윤석열 전 총장을 두고 한 말들을 보자.

"젊은 시절 전두환 장군이 떠오른다? 임명장은 대통령으로부터 받아놓고는 그 대통령을 겨냥해 정조준한 세력이다. 그들 윤석열 사단은 총만 안 들었지 한강을 건넜다."

"1979∼1980년 쿠데타를 기획하고 작전을 짤 때 허화평이 있었다면 이번에는 그 자리에 한동훈이 있다고 생각한다."

"이에 반해 이성윤은 쿠데타 세력들이 쏜 총알에 부상당한 경우로 볼 수 있다."

"그가 맡고 있던 서울지검장이라는 자리는 1979년 12·12 때 서울을 책임지고 있던 장태완 수도경비사령관에 비교할 수 있는 자리다."

이해가 되지 않아 몇 번이고 다시 읽었지만 그래도 이해가 안 된다. 비유부터 너무나 앞뒤가 맞지 않고 내용도 생뚱맞아 이분이 신문기자 출신이 맞나 의심했다. 더구나 청와대 대변인을 역임한 분인 게 맞긴 한 건지 도무지 어법이 맞지 않는, 함량 미달의 궤변처럼 느껴졌다.

그래서 다시 궤변의 뜻을 국어사전에 찾아봤다. 궤변이란 '얼핏 들으면 그럴듯하지만 따지고 보면 이치에 맞지 않는 것'으로 나와 있다. 그렇다면 이 말들은 궤변의 축에도 끼지 못하는 말들이다. 얼핏 들으면 그럴듯하기라도 해야 궤변 소리라도 듣겠건만, 도대체 이런 앞뒤 안 맞는 말은 난생처음 본다.

도대체 윤석열과 전두환이 무슨 상관이지? 검찰이 살아 있는 권력을 수사, 기소한 것이 쿠데타와 어떻게 연결되지? 소설로 치면 플롯의 수준을 따지기 전에 문장부터 앞뒤로 이어지지 않는 잡설의 수준인 것이다. 만약 임명권자가 대통령인데 그를 포함해서 조국 사태, 울산시장 선거 등을 수사한 것이 쿠데타라면 "살아 있는 권력을 수사하라고 '우리 검찰총장'에게 지시한" 문재인 대통령은 쿠데타의 수괴가 된다는 말이 아닌가! 어찌 이런 불충을!

한시바삐 주워 담아야 할 말이다. 흑석의 말씀은 곡학아세를 넘어, 견강부회를 넘어, 자가당착의 강을 건너 그 활촉이 주군을 향해 날아가고 있다.

자고 일어나니 스타가 되어 있었다? 원래 그는 스타였다. 26세에 박근혜 키즈로 화려하게 정치권에 등장했을 때부터. 그러나 제1 야당의 당대표 0순위의, 2021년 최고의 스타가 될 거라고는 아마 그 자신도 생각하지 못했을 것이다. 세 번의 총선에서 낙선하고 좌절을 겪은 절치부심의 시간 또한 길었으니 그의 짧은 생애에서 가장 흥분되는 반전이고 행복의 절정일 것이다. 어떠한 결과가 나오든 지금의 이준석은 누구든 부러워할 만하다.

지금 일어나고 있는 이준석 돌풍은 야당에 너무나 큰 축복이다. 만일 이런 바람이 민주당에서 일어났다고 생각해보라. 연전연패의 야당에게 또 하나의 재앙이었을 것이다. 그동안 야당은 탄핵을 당하고 나서도 기득권에 안주하고 변화에 둔감했으며 근본적인 혁신의 계기를 만들지 못했다. 여북하면 민주당과 문재인 대통령이 야당 복 하나는 타고났다는 조롱을 받았겠는가?

 지금은 여야할 것 없이 정치권이 큰 불신의 수렁에 빠져 있다. 국민의 고통은 크고 문제를 해결할 정치가 제 역할을 제대로 하지 못하고 있다. 촛불로 탄생한 민주당 운동권 정권이 계파정치와 진영논리로 국민의 눈에서 벗어난 지가 오래되었다. 그래서 야당으로 정권교체를 원하는 국민은 야당의 변화와 혁신을 애타게 기다려 왔다. 이 기대와 염원 위에 이준석 돌풍이 자리잡고 있다.

 '야당을 변화시켜 정권을 교체하자', '야당을 바꿔 여당을 포함한 정치권 전체를 바꾸자' 이 염원과 의지가 국민의 마음에 정치개혁의 불을 지폈다. 그렇다 이 돌풍에는 강렬하고 혁명적 염원이 담겨 있다. 건강하고 견고하다. 어디까지 갈 것인지 누구도 장담할 수가 없다. 이준석 후보 자신도 아마 모를 것이다. 예측하지 않았으니 준비되지도 않았다. 성경에 나오는 대로 도둑같이 새벽이 왔다. 그러나 두려워 말라. 언제나 혁명은 그렇게 와서 지나고 나니 혁명이었다.

우선 이번의 변화는 젊고 발랄한 정치인을 앞세우고 세대교체의 모습으로 우리 앞에 나타났다. 어찌 보면 '우선 바꾸고 보자. 우선 젊은 사람으로 바꾸고 보자'는 것에는 변화에 대한 자포자기의 절박성이 자리 잡고 있다. 이준석은 혁명의 선두에 서 있으나 혁명가가 아니다. 혁명을 원하는 대중이 혁명을 이끌고 있다. 이준석을 도구로 삼아 야당의 근본적인 변화를 요구하고 있다.

그러나 냉정하게 볼 때 이준석도 당도 변화를 받아들일 만큼 준비가 되어 있지 않다. 부족한 것이 아니라 턱도 없다. 국민의 기대는 크지만 이것을 완수할 인물도 역량도 없다. 두드려 부수고 자극을 주고 분위기를 바꾸는 데는 아무 부족함이 없다. 하지만 언제까지고 이벤트와 현란한 레토릭만으로 정당을 이끌어갈 수는 없다. 누구나 그렇듯이 혼자만으로는 정당을 이끌 만한 능력과 품성을 가진 사람도 없다. 이준석과 그 사단이 당을 이끌 수 있는 역량이 충분하다고 믿는 사람은 거의 없다.

이번 일은 1971년의 3김으로 대표되는, 40대 기수론 세대 교체 이후에 가장 큰 세대교체를 내건 정치실험이 아닌가 싶다. 그러나 그때와는 전혀 다른 인물과 조건 속에서 진행되고 있다. 그때의 김대중, 김영삼, 김종필과는 비교할 수 없다. 경험과 사고의 폭이 전혀 다르다. 또 그때의 3김은 대선주자로 도전하고 있으나 지금은 그저 당대표에 도전하는 것이다.

그러나 지금의 야당 당대표는 10개월도 채 남지 않은 대선을 관리해야 한다. 이번 전당대회의 결과는 다음 대선에 여지없이 영향을 준다. 대선후보의 결정, 대선의 전략 등 너무나 역할이 막중하다.

대선 경선을 앞둔 당대표는 당의 후보를 도와 대선 승리에 이바지해야 한다. 그러기 위해서는 기꺼이 조연이 되어야 한다. 극도의 자기 절제와 겸손함이 요구되는 시기이고 자리이다.

당을 화합하고 공정한 경쟁을 유도하며 대여투쟁의 선봉에 서야 하고 선거 과정에서 벌어지는 수많은 난관을 헤쳐나가야 한다. 이것이 내가 그의 출현과 변화를 그저 환영하고 기뻐하지 못하는 이유이다. 그리고 지금 자신에 대한 열광과 지지가 자신을 향한 게 아니라는 것을 명확하게 인식해야 한다. 그렇지 않으면 결국 당대표 자리는 독배가 될 것이다.

구체제에 대한 국민의 절망과 변화 욕구가 그를 통해 나타나고 있는 것뿐인데 과연 그가 그런 시대정신을 대변할 만한 인물인가에 대해서는 그간의 행태를 보아 회의적이다.

첫째, 그는 문재인 정권과 정면으로 승부하고 온갖 악역을 자처하면서 정권교체를 위해 몸을 던져야 한다. 그 부분에서 그는 능력이 부족해 보인다. 악역을 고사한다.

둘째, 당대표는 당을 화합하는 것은 물론 당 밖의 후보와 세력을 통합에 혼신의 노력을 다해야 한다. 그러나 지금까지 그의 언동으로 볼 때 그는 통합에 적합한 후보라기보다는 부담이 되는 후보이다.

셋째, 세대교체론이 세대 간 분열의 논리가 되지 않기 위해서는 세대교체를 하는 목표가 분명해야 한다. 소위 시대정신이라 부르는 미래에 대한 비전이 뚜렷하지 않다.

넷째, 소수의 엘리트가 세상을 리드한다는 생각은 참으로 위험한 생각이고 민주주의에 대치된다. 시험으로 공천을 해야 한다는 생각에서 보듯이, 여러 가지 이유로 공부를 못하는 사람도 있는데 그의 기준으로는 이해가 안 될 것이다.

다섯째, 진중권 교수와 설전을 벌인 것 중 하나인데 청년,

여성 등에 대한 할당제에 대한 반대는 상당히 큰 논란을 일으
킬 소지가 있다. 이 지점에서 '증오의 정치'라는 말도 나온다.

다섯 개의 송곳이 있다면
이들 중 가장 뾰족한 것이 반드시 무디어질 것이며,

다섯 개의 칼이 있다면
이들 중 가장 날카로운 것이 반드시 먼저 닳을 것이다,

맛있는 샘물이 먼저 마르고
쭉 벋은 나무가 먼저 잘린다.
– 묵자

이준석은 뾰족한 송곳이다. 날카로운 칼이다. 맛있는 샘물
이기도 하다. 만일 그가 당대표가 된다면 지금까지의 모습이
나 행동은 크게 달라져야 한다. 그는 당의 변화를 이끌기 위해
노력하면서 몸을 숙이고 말을 줄여야 한다. 민주당이 파놓은
함정에 빠지지 말아야 한다. 국민의 지지가 실망과 분노로 바
뀌기까지는 오랜 시간이 걸리지 않는다.

    지금 우리 당은 아직도 너무나 많은 개혁의 과제를 안고 있고 이준석 후보는 생물학적인 세대를 뛰어넘는 비전이 안 보인다. 동서고금의 개혁은 수많은 난관이 있고 이를 헤쳐나가기 위해서는 뼈를 깎는 노력이 필요하다.

변화맹시의 양정철 비판

양정철의 인터뷰를 보고 쓴다. 그가 승승장구 호가호위하던 시절에 나는 연전연패했다. 노무현 5년, 문재인 4년 그리고 그 사이에 낀 이명박 5년, 박근혜 4년 동안 몸부림하던 시절이 지나갔다. 네 번의 낙선은 모두 그의 승리와 대척점에 서 있다.

오랜만에 그의 인터뷰를 읽었다. 그리고는 나는 처음으로 정치적으로 나와 완전히 다르게 살아온 후배 정치인의 생각을 이제야 정확히 알게 되었다. 내가 그를 만나게 될는지는 모르지만 한번 만나 지난 시절을 되짚어 본다면 그것도 의미 있는 일이 되지 않을까 한다.

우선 내가 궁금한 것은 이분이 왜 이 시점에 이런 인터뷰를 하는지였다. 공성불거(功成不居)라면서 말이다. 내 판단이 맞다면 그는 또 정권 재창출을 위해 다른 주군을 섬길 준비를 하고 있다. 그러면 그의 간단찮은 논리와 지혜가 번뜩이는 대선판에서 다시금 꽃피우겠구나. 흥미진진한 대선이다. 그리고 나와는 너무나 다른 정치적 시각을 보여 놀랐다.

그는 여권의 위기 상황을 변화맹시(變化盲視)에서 찾았다. 옳은 진단이다. 민주당을 향해 절박함이 없다고 했다. 이 또한 맞는 말이다. 그는 이 변화맹시가 지난 LH공사 사태에서 온 것이 아니고 박원순 시민장에서 왔다고 했다. 이 대목에서 나는 신문을 덮을 뻔했다. 문제의식이 이것밖에 안 되는가? 이런 분이 이 나라 정치 권력을 쥐락펴락했단 말인가?

언제인가 말할 기회가 있겠으나 이 나라 정치의 최대 최고의 불행은 노무현 대통령의 비운의 죽음이다. 이 죽음 속으로 지난 10년의 정치가 빨려 들어갔다. 변화맹시는 그때로 거슬러 올라간다. 비슷하게 최장집 교수는 그 시작을 촛불에서 찾았다.

문재인 대통령의 집권은 '선한 대통령'을 요구하는 시대정신이었다? 내가 읽고 들은 이야기 가운데 이런 시대정신은 금

시초문이다. 어디 다른 사례가 있었던가? 어디 내세울 것이 없으면 지도자의 개인적인 품성에서 시대정신을 찾는단 말인가? 터무니없는 주장이다. 지금 문재인 대통령의 지지가 40%에 달하는 것이 이것을 입증한다고? 참 새로운 해석이고 기이한 분석이다. 사람들이 무능한 대통령이라고 부르는 사람을 이렇게 아전인수식 표현으로 부르기 위해 시대정신까지 들이대야 하나?

청와대에는 '능숙한 아마추어'가 많다? 감탄을 금치 못했다. 참 시적이다. 능숙한 아마추어? '뜨거운 얼음'처럼 말맛이 있다. 더구나 유능하고 '착한 대통령'과 '능숙한 아마추어'의 이분법이라. 참 미안한 말이지만 이 현란한 말장난을 걷어내고 보면 남는 것은 궤변밖에 없다. 청와대를 가장 잘 아는 대통령과 능숙한 아마추어가 동거하면서 만들어낸 국정파탄은 그럼 누구의 책임이란 말인가? 그 아마추어는 누가 임명하고 누가 검증한단 말인가? 이 유체이탈은 주군의 심사를 거스르지 않기 위한 영혼의 발버둥임이 자명하다.

문재인 대통령께서 '다음 대통령이 전환기적인 시대를 열 수 있도록' 조건을 갖춰놨다? 코로나 극복은 외환위기 극복에 비견되는 실적이다? 그 이전 정부와 달리 인수위도 없이 집권

해서 안정되게 집권 초기 3년 동안 할 일을 다 했다?

집권 후 적폐청산으로 수많은 사람을 감옥에 집어넣고 국민을 산산이 분열시키고 민주주의를 철저히 후퇴시키고 국가의 안보도 외교도 최악으로 곤두박질시킨 사람들이 무슨 전환기적인 시대를 준비했다고? 자기들이 무슨 세종 시대의 밑거름이 된 태종 이방원인 줄 아는가? 그러면 이번에는 착한 사람이 아닌 '후흑의 군주'를 모셔올 생각인가? 가슴이 막히고 숨이 찬다. 국민이 다 아는 것들을 눈 가리고 아웅할 수 있다고 믿다니, 낙관적인 착시다.

검찰 이슈, 언론 이슈는 정권 초기에 했어야 할 개혁과제이다? 마무리에 접어들어야 할 이슈가 전면에 부각되면 안 된다? 조국 사태로 시작된 검찰개혁이 시기상의 문제만인가? 역사는 조국을 새롭게 평가할 것인데 왜 회고록을 냈느냐고? 아니, 아직도 미련이 남았던가?

소득주도성장, 탈원전, 부동산 정책 등에서 벗어나지 못하면 중도확장은 불가능하다? 지금은 말할 수 있다? 제갈 선생이 이제야 산에서 내려오셨나? 지금까지 뭘 하시다가 지금 와서 이런 말씀을 하시는가? 그 착하고 능숙한 아마추어들의 군무(群舞)가 아직도 끝나지 않았는데 말이다.

아직 정권 재창출은 비관적이지만, 그는 대선 때 또 악역을 맡아야 할까 고민이라고 한다. 내 짐작이 맞다면 그는 대선에서 마지막 도전을 꿈꿀 것이다. 몇 번의 승리에 도취한 전략가는 결국 '승리맹시(勝利盲視)'에서 벗어나지 못할 것이 분명하다.

정치를 그저 승패의 게임으로 보고 이미지, 이벤트 정치에 익숙한 그들은 결국 선거 승리라는 오만의 기차를 타고 3월 9일을 향해 달려갈 것이다.

아빠 찬스, LH 찬스, 공무원 찬스, 정치인 찬스. 대한민국은
투기 공화국, 찬스 천국이다. 찬스가 지천에 널렸다. 이런 나
라가 공정한 나라라니 문재인 정권의 후흑이 부럽다. 이런데
도 야당이 정신을 못 차리고 있다. 지난 수년간 적폐청산으로
사화처럼 나라를 들쑤셔 놓았던 문재인 정권의 마지막 얼굴이
드러났다.

부동산 투기를 잡겠다던 정부가 아빠 찬스로는 모자라 LH
찬스, 공무원 찬스, 정치인 찬스가 모여 공직자 찬스를 탄생시
켜 활용하며 전 국토를 투기장으로 만들어버렸다. 이 나라는

힘 있는 사람들의 찬스가 샘처럼 끊이지 않는 나라다.

기회는 평등하고 과정은 공정하고 결과는 정의로워야 한다던 정권의 가면을 벗기고 보니 그 자리에는 '내로남불'의 얼굴이 있었다. 이들은 내로남불의 진실을 은폐하고 축소하기 위해 검찰과 감사원의 수사를 막고 있다. 또 다른 윤석열은 어디 없나? 어서 와서 법치를 세우고 신 적폐를 말끔히 청산하라.

이것이 검찰개혁 검경수사권 조정의 민낯이다. 이러고도 보궐선거에 이기고 20년 집권, 정권 재창출을 이루겠고? 그들의 후흑이 부럽다. 문재인 대통령과 얼치기 운동권 세력의 적폐청산의 지난 4년은 이제 부메랑이 되어 내로남불 실록으로 남게 되었다. 어느 것 하나 제대로 남겨두지 못한 이 나라에 문재인 정권의 무능과 입법독재 전횡의 깃발이 나부낀다.

적폐청산으로 시작한 정권이 적폐청산으로 저물게 되었다. 국민이 살아 있는 한 서울시장 선거도 이미 끝났다. 야당이여, 억지 그만 부리고 단일화의 순리에 따르라. 그것만이 역사에 죄를 짓지 않는 길이다.

우리 정치권과 야당이 무얼 했다고 국민 앞에 몽니를 부리나. 이 모든 일의 9할은 문재인 대통령이 만들었다. 그에게 감사할 일이다. 보궐선거의 야당 승리도, 차기 정권도, 입법독재도 모두가 그의 손에서 연출되고 기획되고 현실화되었다. 그가 단시간에 만들어준 최고의 작품이 윤석열이다.

그렇지 아니한가!

웬만한 일에는 입을 열지 않는 침묵대마왕 문재인 대통령께서 코로나 19 백신 문제만은 김칫국 마시고 오두방정 깨방정입니다. 우리말에 '말이나 못 하면 밉지나 않지'라는 말이 있습니다. 지금 우리 처지가 딱 그 모양입니다.

방역 강국이라던 나라가 백신 2차 접종률 15%로 OECD 꼴등이 되었습니다. 6시 이후 집합금지, 2인 초과 거리 두기로 자영업자들의 매출이 50%나 줄어 비명을 지르고 있습니다.

1년 반 전에 대통령은 경제계 간담회에서 "백신 물량은 충분하고 접종도 계획대로 차질 없이 진행될 것"이라고 했습니다. 작년 12월 12일에는 "코로나, 긴 터널의 끝이 보인다. 늦지 않게 국민들이 접종할 수 있게 잘 준비하고 있다"고 하였고 3개월 전인 5월에는 "국민 여러분 조금만 더 기다려주십시오. 코로나와의 전쟁에서 끝이 보이기 시작했습니다"하더니 기어코 4단계가 시작되었습니다. 4주 전 4단계를 2주 연장하면서 "짧고 굵게 끝내겠습니다" 한 분은 또 누굽니까?

입에서 나오는 말씀이 모두가 오판이고 오답제조기인데 이제 희망고문도 지쳤습니다. 당장 오늘 백신 물량을 확보하지 못한 작금의 상황에서, 2025년에는 세계 백신 생산량 5위 국가가 되겠다고 발표했습니다. 도대체 염치를 어디다 붙들어맨 것입니까?

혈소판을 발견한 현대의학의 아버지라 불리는 윌리엄 오슬로의 말대로 "무지가 커지면 독단이 커집니다."

또 윌리엄 오슬로가 평생 가슴속에 담아두었던 토마스 칼라일의《과거와 현재》의 한 구절을 읊어봅니다.

"우리의 중대한 임무란 먼 곳의 희미한 사물을 보는 것이 아니라, 뚜렷하게 자신 가까이 있는 것을 몸소 실행하는 데에 있다."

문재인 대통령 제발 먼 곳을 보지 마시고 우선 백신 확보와 접종률 증대 힘을 쏟고, 마스크를 벗고 '위드코로나(with Corona)' 시대를 여는 데에 최선을 다해주세요. 일상으로 돌아가는 것이 행복입니다.

　　오두방정 깨방정의 수명도 얼마 남지 않았습니다.

오늘은 황교익과 김미화의 광복절입니다

오늘은, 황교익과 김미화에게 축하의 꽃다발을 보냅니다. 광복절 날, 이 나라에서 공정과 정의가 한꺼번에 무너져내렸습니다. 이 일을 국민께 고발합니다. 시민의 한 사람으로서 말입니다.

맛집 소개 전문가를 우습게 생각하다니요! 우리는 황교익의 맛집 소개 능력을 믿습니다요. 그런데, 그가 이재명 형수의 욕설을 비난했다면 과연 그 자리에 발탁될 수 있었을까요? 왜 그는 맛집 소개와 아무 상관이 없는 형수 욕설과 이재명 캠프 등 정치권에 명함을 내민 걸까요? 백종원 선생도 허영만 선생

님도 한 적 없는 유난입니다.

그가 경기관광공사 사장 심사기준인 경영경제 분야의 전문적 지식, 대규모 조직의 경영 경험, 최고경영자로서의 자질, 공공성과 상업성을 조화시켜 나갈 수 있는 소양이 제가 눈이 나빠서인지 안 보일 뿐인 거죠.

이와 비슷한 예로 개그우먼 김미화 씨가 안산문화재단 이사장이 되셔서 안산 예술의전당을 운영하고 계시죠. 물론 개그우먼으로서의 능력을 폄훼할 생각은 전혀 없습니다. 그러나 이런 일에 왜 이리 힘이 쭉 빠지고 억장이 무너질까요. 이런 일에 뱀처럼 똬리 틀고 있는 진영논리와 코드 인사로 얼마나 많은 국민이 절망하고 얼마나 많은 젊은이가 한숨 짓는가를, 정치인들은 모릅니다.

이러려고 했으면 그냥 맛집 전문가를 지정할 것이지 왜 공모를 했는지 원… 떨어진 8명은 무슨 죄를 지었나요? 이분들은 맛집 소개 능력이 부족하여 들러리가 되었나요? 그의 가족과 친지 앞에 무참하고 밤잠을 설쳤을 분들의 인생과 좌절은 누가 책임지는 겁니까?

이 일을 꾸민 자들은 야바위꾼이고 사기꾼입니다. 이 공모 신청자들과 그 가족에게 대한민국은 아직 광복이 다가 오지 않은 한일강제병합의 시대와 다름없습니다.

　이것은 잠시 위임된 권력의 남용이고 국민에 대한 폭력입니다. 민주주의에 대한 중대한 도전이고 공정과 정의를 구겨진 휴지처럼 휴지통에 처박는 일입니다. 이 부도덕하고 파렴치한 인사를 멈출 시민의 힘이 아직도 우리에게는 없는지, 공정한 내 나라 대한독립을 소리쳐 부르고 싶습니다?

　아무런 전문성도 능력도 없는 인사를 경기도 관광공사 사장에 임명하려는 것은 보기에 따라서 선거를 앞두고 명백한 선거법 위반이고 확실한 기부행위입니다. 이재명 지사는 이제 공정을 입에 담지 마십시오. 더는 공정한 인사, 공정한 법 집행을 입에서 꺼내지 마십시오.

　선거도 하기 전에 코드 인사를 선보이고 캠프가 끝나기도 전에 캠코더 인사를 알박기로 단행하였습니다. 그러고도 국민의 지지를 받을 수 있다는 상상력의 담대함이 놀랍습니다. 국민의 이성과 상식의 힘을 조롱하면서 말이지요. 참으로 안하무인의 태도이고 뻔뻔스럽기 짝이 없는, 국민에 대한 도전입니다. 전문성을 가지고 공정한 심사와 선택을 기다린 관광전문인들과 그를 지켜본 공사직원들, 경기도 공무원들에게 이제

기회의 평등, 과정의 공정, 결과의 정의는 사라지고 없습니다.

이제 그가 하는 어떤 불편부당한 인사조차 모두 빛을 잃었습니다. 그가 그의 형수 욕설을 비호하고 비위에 맞는 발언을 한 대가로 거액연봉의 자리를 꿰찬다면 경기관광공사는 이제 이재명 지사의 매관매직의 대상으로 전락한 것과 무엇이 다르겠습니까? 이재명 지사의 사적 이해를 위해 존재하는 기관이 어떻게 경기도의 관광을 책임질 수 있단 말입니까?

이재명 지사는 공직에 나아가서는 안 되는 이유 하나가 추가되었다. 자유민주주의의 경제공동체가 모여 서로를 밀어주고 끌어주는 배타적 이해공동체가 된다면 이 나라는 어찌 되겠습니까?

공직이 진영의 배를 타고 흘러다니고
능력이 맹종의 바람을 따라 흩날리며
공익은 빗물을 따라 떠내려가는구나.

대통령선거가 200일 앞으로 다가왔다

　이번 선거는 야당과 대한민국의 운명이 걸려있는 절체절명의 선거이다. 동시에 선거의 지형이 이미 한쪽으로 기울고 있다. 역대 선거에서 이기는 쪽은 이기는 이유가 있고 지는 쪽은 지는 이유가 있다. 천기와 지기가 어우러지는 선거에서 천기는 시대정신, 지기는 정치정세에 따라 선거가 요동칠 것이다.

　이번 선거는 시대정신으로 사회 양극화가 심화된 여건 속에서 이미 여야가 '공정'이라는 최고의 가치를 내세우고 있다. 정치정세에 핵심은 바꿀 것인가 연장할 것인가가 최후 최대의 선택 기준이 될 것이다.

더위 먹은 여론조사가 널 뛰고 있지만 대체로 15% 내외의 격차로 국민은 정권교체를 선호한다는 걸 확실히 보이고 있다. 결국 이 판단이 선거를 결정지을 가능성이 제일 크다.

이러한 국민의 판단 근거에는 다섯 가지 부동의 지표가 있다. 첫째는 부동산이다. 이 정부들어 93% 이상 집값이 뛰고 26번의 정부 대책이 실패하는 것을 똑똑히 보아왔다. 그 위에 임대차보호법의 실패로 전월세가 폭등했다.

두번째는 일자리다. 이 정부에 들어 고용의 악화는 특히 청년 일자리부터 질 좋은 일자리가 꼬리를 감추고 알바형 복지형 노인 일자리로 채워졌다. 소주성, 최저임금제, 52시간 근무제 등이 오히려 일자리 부족을 재촉했다.

셋째는 민주주의의 후퇴다. 입법독재는 물론 검수완박과 삼권분립의 후퇴 등을 지켜본 국민들은 언론중재법에 대한 판단을 가지고 선거를 하게 되었다. 정권을 반대할 명분이 차고 넘친다.

넷째는 안보다. 북핵 문제를 한 치도 해결하지 못한 가운데 우리는 저녁 9시 뉴스에서 한동안 아프가니스탄의 민주주의와 인권이 어떻게 무너지는지를 똑똑히 보게 될 것이다. 안보가 무너진 대한민국 군대가 사기를 잃게 될 때 어떻게 될 것인가를 구체적으로 보여줄 것이다.

마지막으로, 그동안 민주당과 586 운동권 세력이 보여준 위선과 무능을 국민은 여실히 확인했다. 이제 콩으로 메주를 쑨다고 해도 국민은 그들의 정의와 개혁을 믿지 않는다.

이제 승리의 천기와 지기를 얻은 야권은 좀 더 겸허하게 밀려오는 이 기회를 굳혀야 한다. 실수를 줄이고 미래로 나아가서 국민에게 희망을 주는 정책을 제시해야 한다.

승리는 다가오는 것이 아니라 만들어가는 것이다.

오늘 언론 재갈법에 대한 대통령의 침묵은 촛불정신에 대한 위대한 배신이고 세월호 7시간보다 더 비겁하고 무능하다.

어제 국회운영위 전체회의에서 유영민 대통령 비서실장이 문재인 대통령이 언론 중재법에 대한 입장을 묻는 전주혜 국민의힘 의원의 질문에 대해 청와대는 "전혀 관여한 바 없다"는 끔찍한 답변을 했다.

이 문제가 어찌 관여했다, 아니다로 평할 수 있는 강 건너 불구경 같은 일인가? 이 일은 대한민국 민주주의의 기초가 무너지는 일로서 보기에 따라서는 대통령의 '존재의 이유'를 논할 사안이다.

유영민 비서실장의 말은 내가 세상에 나와 들었던 말 중에 가장 기막힌 유체이탈 화법이고 평범한 시민은 상상도 할 수 없는 일로, 대통령의 직무유기라고밖에 평할 수 없다. 무엇보다 이번 침묵은 비겁하다.

이토록 대한민국의 헌법적 가치가 걸려 있고 여야는 물론 모든 언론과 전 세계 지성인들의 관심이 집중된 이 법이 미친 마차처럼 민주주의의 광장으로 뛰어들고 있는데 오직 한 사람, 청와대의 대통령만 모른다? 해석은 자유다?

문재인 대통령은 지난 5월 2일 더불어민주당 당대표가 선출되었을 때 송영길 대표에게 전화를 걸어 우리는 원팀이라고 하지 않았는가? 당정청은 어디에 숨어 있었나? 아직 잉크도 마르지 않았는데 이제 다시 '각자도생'으로 입장을 전향하였는가? 참 기이한 당정청이고, 참 편리한 침묵이다.

왜 대통령은 당당히 이 법을 찬성하고 지지한다는 말을 못하나? 무엇이 마음에 걸리기는 걸리는가? 이 법이 언급할 가치도 없어 무시해도 좋은 법인가? 대통령의 침묵은 이 나라에 대통령이 부재중이라는 말과 다름이 없다.

보기에 따라서는 나라의 민주주의 대들보가 무너지고 언론의 자유가 활활 타들어가는 형국인데 소방청 소관이니 자기는 관여할 바 없다니. 이런 대통령이라면 우리는 뭐하러 대통령을 뽑아 청와대에 모시고 사는가? 문재인의 침묵과 방조는 촛불정신에 대한 철저한 배신이다. 세월호 7시간보다도 비겁하고 무능하다.

이들은 도대체 어쩌려고 지울 수 없는 역사에 오욕을 남기고 있을까?

비겁하거나 뻔뻔하거나

2021년 10월 20일 초판 1쇄 발행

지은이 김영환
펴낸이 김상현, 최세현 **경영고문** 박시형

책임편집 박현조 **디자인** 임동렬
마케팅 이주형, 양근모, 권금숙, 양봉호, 임지윤, 신하은, 유미정
디지털콘텐츠 김명래 **경영지원** 김현우, 문경국
해외기획 우정민, 배혜림
펴낸곳 (주)쌤앤파커스 **출판신고** 2006년 9월 25일 제406-2006-000210호
주소 서울시 마포구 월드컵북로 396 누리꿈스퀘어 비즈니스타워 18층
전화 02-6712-9800 **팩스** 02-6712-9810 **이메일** info@smpk.kr

쌤앤파커스(Sam&Parkers)는 독자 여러분의 책에 관한 아이디어와 원고 투고를 설레는 마음으로 기다리고 있습니다.
책으로 엮기를 원하는 아이디어가 있으신 분은 이메일 book@smpk.kr로 간단한 개요와 취지, 연락처 등을 보내
주세요. 머뭇거리지 말고 문을 두드리세요. 길이 열립니다.